从「爱」开始
以「爱」结束

弥赛亚之法

The Laws Of Messiah

From Love to Love

Ryuho Okawa

大川隆法

台湾幸福科学出版有限公司

前言

透过本书，我重新将焦点聚集於「何为弥赛亚」之上，并进行论述。

事实上，我自己也尚未到达最终的目的地，所以本书内容就像是一份中途报告。

与此同时，「弥赛亚之法」也并非是在上了年纪，接近死亡之时就能讲述。

我集中并连续地讲述这些教义，以便让自己的人生无论在何时结束都无妨。

这就是大川隆法满六十五岁之际，所讲述的「弥赛亚之法」（救世主之法）。

二〇二一年　十一月

幸福科学集团创立者兼总裁　大川隆法

目錄
Contents

前言……2

第1章
埃洛希姆的本心
——区分善恶的地球神之教义……13

1 「地球规模之善恶」的起源……14
2 迷失了「神之律法」的现代，难以判断「善恶」……21
当领导者的想法偏离了神心，会变成怎样？……21
否定神的思想的统治者所实施之「极权主义」的危险性……25
3 日本应看清未来，说该说的话……31
4 人们应察觉二十一世纪极权主义的危险，并为自由而战……36
警钟①日本的为政者在疫情期间尝到了「压制国民权利」的滋味……36
警钟②「AI极权主义」和「监视资本主义」的崛起……39
·中国透过摄影机与无人机对人群的监视……39

・连美国总统的言论都能封杀的巨大企业的权力……40
・在香港实际体验到的「言论镇压」……42
创设自由，打造能明办善恶的社会……44
5 在八十亿人口的时代，救世主的工作实为沉重……47
人类啊！要请抱持信仰心、要聆听神的话语……47
做为「救世主的工作」，我想要改变人类的错误想法……50

第2章 现今弥赛亚应说之事、应做之事

——给处于人类史的转换点之地球的指针……55
1 「现代的弥赛亚」降临於二十世纪的时代背景……56
2 强国的侵略历史与「弥赛亚」……62
从历史所见之「弱者的败仗」……62
以核武保护国家的以色列，与对抗以色列的伊斯兰教国家……66
在遭受强国摆弄的凄惨历史中所出现的「犹太预言家们」……69
・摩西……69

·耶利米……72
·耶稣……75
打压「信教自由」、「言论自由」之中国的威胁……76

3 原子弹爆炸所带来的「地球之转捩点」……79

从公元二〇〇〇年的阶段，思考第二次世界大战的「历史上的IF（假如）」……79
原子弹爆炸的影响① 「宇宙存在」的真正介入……82
现今，外星人想对频繁出现幽浮的日本传达何种讯息？……87
原子弹爆炸的影响② 二十一世纪战争的样貌将会改变……90

4 守护世界和平的「弥赛亚真正的工作」……94

为了抑止「唯物论、科学万能主义」之恶持续蔓延，人类必须对地球神抱持信仰……94
在「战后的反省」便停止思考的日本所面临的危机……97

5 在地球神的眼中，「共产主义」为何危险？……101

共产主义的危险性① 肯定「暴力的革命」将会引起大规模的虐杀……101
共产主义的危险性② 人们将会失去「勤勉的精神」、「资本主义的精神」……103
共产主义的危险性③ 「没有信仰」将产生地上的暴君……107

6 现代的弥赛亚向人类讲述「现今，应做之事」……109
站在二〇二〇年的立场来思索，我们必须要保护香港与台湾……109
新型冠状病毒是中国的生化武器，中国还可能再制造新的武器……112
不可袖手旁观，让正义灭亡……114
描绘出从地球神的角度所见之「人类的应有之姿」……115
即便是「小规模的战役」，若是具象徵性的意义，就该坚决奋战、获得胜利……117

第3章

弥赛亚的教义

——改变为依据「神的话语」之价值观的战役

……123
1 分辨神所拣选之「弥赛亚」的难度……124
2 从历史所见之弥赛亚与地上权力之间的「价值观之战」……129
单靠「话语」和「思想」，与拥有军队的掌权者对战的困难性……129
若是恶用了制度，制度本身有时会变成支配国民的权力……133
·新旧价值观之间的战役① 日本的宗教战争……136
·新旧价值观之间的战役② 对于基督教的不信任与镇压……139

历史当中的胜利者会葬送对立的价值观……146

3 现代当中让「弥赛亚的教义」出现混乱的势力……149

利用「反地球暖化的格蕾塔」的人们……149

人类亦需要足够的智慧，看穿「图谋恶事之国」的阴谋……154

4 现代所需之弥赛亚的教义……160

即便天上派遣弥赛亚至世间，也无法将思想渗进共产主义圈的难处……160

在价值观错综复杂的此刻，为了改变未来，弥赛亚的应说之事……167

・针对独裁、极权主义体制之国以及民主、自由之国……167

・针对伊斯兰教圈……168

・针对法治国家的制度……169

・针对新闻报导、网路社会……172

在弥赛亚的教义之下，打造坚固的「区分善恶的价值观体系」……173

第4章 地球之心——为人类带来灵性觉醒的「香巴拉」……177

1 关於名为「香巴拉」的地球之秘密 178

2 成为弥赛亚的秘仪传授 185

弥赛亚透过「香巴拉的修行」，彻底领悟灵性世界的真实 185

在香巴拉进行到达宇宙觉悟的灵性觉醒修行 190

「爱尔康大灵」是创造出具备救世主资格的香巴拉之主 196

香巴拉与觉者① ——「年轻时期耶稣·基督」的修行之旅 199

香巴拉与觉者② ——「约翰·蓝侬」的灵性觉醒与寻找香巴拉而消失的「老子」 201

香巴拉与觉者③ ——「牛顿」、「爱因斯坦」等数理系大师以及灵性大导师的存在 203

香巴拉与觉者④ ——赐予香巴拉力量的海尔梅斯与奥菲尔利斯 206

香巴拉与觉者⑤ ——在香巴拉获得灵性觉醒的耶稣的「确信」 207

香巴拉与觉者⑥ ——累积了灵界体验的「苏格拉底」与「柏拉图」 209

3 如何找回「香巴拉之心」 212

动摇那些近代以后，不承认灵性的大众与学问 212

透过两个革命，保护受到中国威胁的地球灵性中心地香巴拉 217

还存在着众多「秘密的世界」 220

第5章

弥赛亚的爱

——在灵魂修行之地「地球」的爱的应有之姿

223

1 从「世间的机制」来思考弥赛亚存在的理由 224
即使是伟大的灵魂，在这一世也得从零开始 224
各个不同时代、地域的贫穷事例 229
·二十几年前印度的乞丐与赤脚孩童 230
·看著报纸的现代日本流浪汉 232
「世间是灵魂修行之地，人生是一本习题」之真相 234

2 人类的灵魂经验中不可忽视之事 237
以自我为中心、独占欲强的人，有时会变成「不如动物」的存在 237
从职业选择所见之现代高等教育的问题点 241
在「人生的岔路」上，考验人会做出何种选择的灵魂测验 246
·选项① 铁轨上的一个好朋友与五个陌生人，你会救谁？ 246
·选项② 掉进水里的两个人，你会救谁？ 248
·选项③ 去救无力自救的人，还是去救自己的亲人？ 249

・选项④ 当信仰与家庭的价值观产生碰撞之时 250

3 世间的常识与信仰之战 253

耶稣要求人们选择信仰而非世间常识 253

即使与世间的价值观相悖，释尊也努力建立社会信用 257

将早期佛教的出家状况「进行恶意利用」之奥姆教的反社会性 263

一边建立世间的信用，一边广布教义的宗教的应有之姿 266

4 了解「主神」之爱，并传递出去吧 269

现今众人认为所谓的爱就是从他人身上获得 269

为他人奉献爱与德，并且拚上了自己性命的救世主之姿 272

耶稣讲述的两个「重要的教义」 276

・①爱你的主神 276

・②爱你的邻人 278

唯有超越利害关系，彻底地施爱，「神的教义」才得以广布 279

持续守护灵魂修行之地「地球」，了解统率宇宙的「主神」之爱 284

后记 290

第1章

埃洛希姆的本心

——区分善恶的地球神之教义

1 「地球規模之善恶」的起源

本章〈埃洛希姆的本心〉，内容源自於我在总本山正心馆举办诞生庆典时所讲述的法话，也是二〇二一年第七十七次的说法。这是一个有点稀奇且有点困难的讲题。

二〇二一年秋天，幸福科学上映了电影「宇宙之法」的第二集埃洛希姆篇（制作总监、原作大川隆法），不过光是靠影像尚且无法详尽传达埃洛希姆的教义及想法，因此我想整理出埃洛希姆的基本想法并传达给各位。其想法对於身处於现代烦恼与混乱的人类来说，能够成为思考的「基准」。

我想再次告诉各位，在地球生存的人类如此繁荣以前，在那不像是现今如此高温的金星上，其实就已存在著人类型的生命体。如今，金星非常高温，并被化学气体笼罩，所以人类变得无法居住在那里。

随後，在距今六亿年前，我立定了下一个目标，也就是在地球打造人类型的文明。於是，从金星来到了地球之後，我将名字「爱尔米奥灵」（El Miore）更改为「爱尔康大灵」（El Contare）。

「爱尔」基本上是「神」或「神光」的意思，「康大灵」则在义大利文、西班牙文和拉丁语系中有著「歌曲」的意涵。整体上即是「地球之光」或「地球神」的意思。

爱尔康大灵在六亿年前，开始著手创造地球人类。而在距今三亿三千万年前，祂第一次将自己的灵魂化身为肉体，降临於地上世界，名为「阿尔法」

（Alpha）。我曾对教团内部讲述过「阿尔法之法」，并阐述了祂作为创造神、造物主的想法，以及祂所做的工作（参照宗教法人幸福科学发行《阿尔法之法》）。

之後，第二次持有著肉体来到地球时，名为「埃洛希姆」（Elohim）。阿尔法、埃洛希姆皆是在地上的名字，本名是爱尔康大灵。

埃洛希姆在一亿五千万年前降生於世间，长久以来以埃洛希姆之名指导著人类，所以在《旧约圣经》当中也出现了埃洛希姆的名字。在伊斯兰教徒中，有时也会有人向埃洛希姆祈祷，取代向阿拉祈祷。这是我在加拿大讲演时，一位流亡於加拿大的维吾尔人说的。这位人士说到，「我们并非是呼喊著阿拉，而是呼喊著埃洛希姆而祈祷」，因此，埃洛希姆是个自古以来就被使用的名字。

现今，我以爱尔康大灵之名，向各位重新讲述「新时代之法」，以及「为了创造今後长久人类历史之基础的教义」。教义涉及的面向极为多样，所以我不知道能有多少内容流传至後世。但是，应该有人想要学习各种详细的内容，因此我才讲述著各式各样的教义。

然而，本章的主题是「埃洛希姆的本心」，所以我想将焦点集中在第二次转生於地球，并在电影「宇宙之法－埃洛希姆篇－」出现的埃洛希姆，当时祂在地球传达了何种基本的想法。

在埃洛希姆之後，世界各国讲述著各个民族神的教义，但由於彼此的教义之间有著矛盾，进而成为了战争的原因，或是造成彼此不和谐、上下之别的歧视原因。在本章我想回到原点，讲述原本的主神的教义内容。

所谓「阿尔法之法」，简单来说即是「造物主之法」，内容阐述了「人类在世间持有著肉体，应该以何作为目的，又该打造何种世界」之充满希望的教义。此外，为了推动生於地球之生命体，也就是人类的进化，阿尔法也从其他行星招聘了可住在地球的外星人。

也因此，在阿尔法的时代，祂讲述了「创造之法」以及「为了让各种来自宇宙的生命体能够在地球共同生存之法」。

在那之後过了一亿数千万年，到了埃洛希姆的时代，则是迎来了需要更加明确讲述「地球规模之善恶」的时代。

当时，地狱界不像现在如此清楚地被划分开来，不过那时人与人之间已经多少出现了不和谐以及高低差距。有很多人在离开世间之後，想要依据当时活在世间的价值观，决定自己在灵界的生活态度、地位。

当时的人们身处於地上之际，的确是抱持著「为了让这地上乌托邦化，进而创造出理想社会」的目标。但是，在这地上实现那般理想之时，开始出现了众多忘却自己在灵界本来的使命，进而对地上世界出现执著的人们，或者是众多把这三次元世界当作是真正的世界，对灵界毫不关心的人们。

并且，人们还开始将在地上的身分高低、财产多寡、黑白黄等的肤色差异、性别差异，当成自己在灵界当中的差异。

即使当时尚未出现明确的地狱界，但是在四次元世界，却开始出现住在「高台」或「山丘」上的人们，又或者是住在「洞窟」、「低洼沼泽地」当中的人们。渐渐地，这开始演变为正式的地狱。

就如同电影中的场景一般，大约在一亿两千万年前，七大天使长「米迦勒」的双胞胎弟弟「卢西弗」，以「撒旦」之名转生於世。他因为嫉妒神，最终被他的哥哥米迦勒所击倒。更甚至，由於他在世之时认为「嫉妒神有什麼不对、自己想要变成神有什麼不对」，所以死後堕入了地狱，成为地狱帝王。这就是地狱界的首领。

他有著众多的手下，大致上死後变成了恶魔之人，皆是历代的恶劣帝王、暴君，或是蛊惑人心的宗教家、思想家，抑或是有著社会地位及影响力，却将众人引导至错误方向的人们。这些人成为了恶魔之源，长年以来跟著卢西弗，做著各种坏事，并且试图在世界各国扩大地狱界的领域。

2　迷失了「神之律法」的现代，难以判断「善恶」

当领导者的想法偏离了神心，会变成怎样？

生活在这个世间当中，有很多时候无法明确地区分「何者为善、何者为恶」。

比方说，在世间当中有著受人尊敬的职业、受人欣羡的家世、财产，或者外表看起来显赫的事物。又好比现代，有著令人仰慕的歌手、演员等职业。然而，在世人感到羡慕的人物当中，亦存著神所认同之人，以及神无法予以认同之人。

就好比拿日本的总理大臣来说，即使有著回到天上界的总理大臣，但很遗憾地，也有堕落至地狱的总理大臣。

人类非常难以区分出其差异。那是因为，人们并非是以「神之律法」加以判断，而是用在地上的人们所订定的法律或想法来加以判断，因此未必能说那总是正确的。

此外，在这两百年以来，人们对媒体都抱著很大的期待，希望它能为了防止恶劣的领导者出现，在必要之时，扮演加以批判、攻击的角色。然而，终究还是出现诸多善恶不分的媒体。他们在判断事物时，是以「世上的常识、知识」，或者是「世间的学问、科学」作为前提，因此当那些世间的想法出现差错，善恶的基准就会有所偏差。

所以，我就不明讲是哪一个国家，一个在世间「最知名的记者」，和自己过去生前攻击的对象，很遗憾地在死後都堕入了地狱。因此，在这世间的对战未必都是「天使」与「恶魔」之战，有时是「恶魔」与「恶魔」之间的对战。这确实是现今难以处理的问题。

如果人们能够了解「自己创造出来的事物终究不完美，所以需要对神佛抱持信仰心、向神佛祈祷，并了解自己所创造的政治制度、法律之上还存在著神佛的概念。并且，作为佛神代理人的政治家和立法者，必须将神佛之心反映在世间的制度和法律上」的话，那还另当别论。不过，现今却出现了众多与此相左的想法。

譬如，现代社会普遍接受的民主主义、议会制、政党制度、法治国家的思想等等，大多源自於西方的民主主义的想法，但在这当中也有一些想法不可全盘接受。

先前所述的「法治主义」，最终也只不过是透过世间之人的多数决来决定事物，但若是世间的常识有错误，或是占多数的人们并非是会向神祈祷之人，只是为了自己的私利私欲，进而基於错误的想法，试图透过某种法律，以便保全自己的利益的话，那麼那样的法律则有著让世间变成地狱的力量。

即便是选举型的民主主义，当过半数的人们并未抱持信仰，甚至受到恶魔的怂恿，活在世间的诱惑当中的话，很遗憾地，那样的体制也难以称为完善。

此外，搞著一党独裁、专制政治的人们，若是抱持著「掌权者的想法，就如同神的旨意一般的正确」的想法，进而统治著几亿、十几亿人民的话，一旦掌权者的想法偏离了神心，此人就可能会开始对十几亿的人民进行洗脑，不准他们接受其他的想法。甚至於，掌权者还会限制人们的自由，强迫人们接受

「撇除政治，自己身处在非常自由的国家」的想法，并禁止批判领导者。

中国就是如此，北韩也是如此，缅甸也同样不允许人们批判当权的军事领导者。即便是像泰国那般信仰佛教的国家，也同样不允许人们批判国王。就算不是在泰国国内批判，而是在国外批判，一旦被发现，当此人一到泰国就有可能被逮捕。

也因此，当世间的掌权者开始想要保护自己那像是神一般的全能力量时，很遗憾地，有时就会在这世间当中出现地狱。

否定神的思想的统治者所实施之「极权主义」的危险性

关於极权主义，我曾经多次论述，极权主义的特徵，即是掌权者认为暴力革命、暴力统治是理所当然之事。

甚至，他们想要动用「秘密警察」，譬如透过窃听、跟踪、录影监视等等手法来管理国民。

而且，他们还建立了强制收容所，将那些反对当权者的人们，都关进收容所里加以隔离。

实际上，那些否定了神的思想的人们，死後都被隔离在无间地狱，无法与他人交谈。因为他们是思想犯，若是与他人接触，其思想就有扩散的风险，於是他们会被单独隔离在漆黑的暗夜中。但是在这世间当中，有很多人将反对自己的人们当作政治犯，并加以隔离。若哪个国家有著如此特徵，就意味著该国有著极权主义的倾向。

再者，有一点不可忘记的是，这般极权主义国家大多会发生叛乱，对於那些叛乱，掌权者必定会采取镇压手段，藉以粉碎叛乱。他们向来有著如此倾向，认为只要镇压、粉碎叛乱，便能迎来和平与安定的秩序，但我必须清楚地强调「事实绝非如此」。

镇压了叛乱以後，国家将迎来更恐怖的局面。极权主义国家总是不断树敌，总是会创造出新的敌人。他们会一个接一个地创造出敌人，不断与敌人对战，并加以侵略、粉碎。这即是极权主义的可怕之处。

有人将革命视为绝对的善，但我认为革命的目的，终究是为了「树立政治上的自由」。

所谓「政治上的自由」，即是要反映人们的各种想法，并且在探求「何为正确」的议论当中进而为政。我认为，现今需要的正是这样的政治。

有很多国家在革命成功之际，会反过来镇压反革命运动的人们，并将其关进强制收容所，甚或加以处刑。这就不配称为真正的革命，只是一种国家规模的恐怖攻击罢了。

特别是，这种国家过於肯定暴力，并且认为「国家的存续才是首要任务，国民必须为国奉献，反抗国家的人都不是国民，必须加以镇压」。对统治者来说，如此作法十分便利，却是极为危险的想法。

若要再说的更明白一点，香港就是一个例子。香港的面积非常小，仅居住著几百万的居民，但此地过去曾是世界第三大国际金融中心。我要强调，这是指「过去」曾是一个国际金融中心。

失去了自由，终究也不会拥有经济上的繁荣。当中国将「一国一制」套用在香港，把中国内地的做法套用在香港时，香港便随即发生诸多混乱，以及镇压革命运动等问题。这是极为不合理的状况。

在北京政府的领导者当中，存在著不懂经济原理之人，虽然人们呼喊著「庆祝共产党建党一百周年」，却无法看清共产主义革命中的错误，仅一味地礼赞革命所带来的成果。

当然，我认为若人们能够从封建社会中解放，被赋予平等的机会、争取成功的自由，这也是一个不错的社会。然而，若是人们为了实现结果上的平等，理所应当地开始单方面施行暴力，压制人权、限制自由的话，就会发生巨大的不幸。

我想说的是，若是将嫉妒心合理化，就不可能打造出乌托邦世界。如果掌权者不惜摧毁他人的成功，也要维护自己的权力，那麽即使此人再如何伪装，终究会遭受人们的抵抗。

过去就有一个国家，杀害了两百万人的国民，并且还将从国外回来的知识份子全部处死。有时世间，就是会出现将说著不同意见的人处死的体制。

然而，错误就是错误。终究，各国必须要对这样的国家加以批判。若是将来自国外的批判当成是「干涉内政」，完全充耳不闻，并且一元化地管理国民，甚至将国民置於监视体制之下的话，那就是一个极其危险的国家。

3 日本应看清未来，说该说的话

虽然二十世纪是战争和革命的时代，但二十一世纪也可能以不同的形式，迎来恐怖的未来。现今，我们必须重新整理世间的想法。

现今时代有所变化，科技的发达能够迅速处理各种事物，若企业只为了谋取利益，心想只要能大量制造能赚钱的商品的话，就可能会在大局上出差错。

比方说，如今在中国监视摄影机的数量，多达「每两位国民就有一台」。而摄影机的零件绝大部分都是日本制，所以多半是由日本的企业生产，这些企业必须考虑如此商品最终会以何等目的运用。

此外，能给予长期身处贫穷的中国国民，工业方面的就业机会，那也是件好事，让他们的经济能够有所成长也是可喜之事。

但是最近有些日本企业为了降低成本，在被中国政府强制人们劳动的「维吾尔自治区」制造商品，并用薄利多销的方式贩售。对於这些日本企业，法国政府施予了制裁，然而日本政府却逃避评论这个议题。

虽然经济与政治难以切割，但是拥有一定影响力的国家，就该明确地说出「何种行为为善」、「何种行为为恶」。

外国所投下的资本，若能实现众人的经济繁荣，创造出新的工作机会，固然是件好事，但那必须是建立在「过程中不可镇压国民、不可折磨国民，不可用不人道的方式对待国民」的条件之上。

过去，在美国林肯总统的时代，人们在美国南部强制黑人种植棉花，使其受到非人的待遇。人们为了维护自己的财产权，进而引发了南北战争。

南部的人们不但将黑人视为财产，还主张「需要黑人来种植棉花」。虽然林肯想避免美国人之间的内战，但是他在思索「何为正义」之时，终究认为「将人类奴隶化是个错误的行为」，进而发动了战争。最终，虽然死了六十一万人，却也让林肯成为了美国最有名的神。

因此，有时必须要说出纵使会伴随痛苦，还是得说出来的事。

现今，北京政府的极权主义完全压制著香港，对「苹果日报」那般小规模的报社，冻结其资产，使其无法发行。在世界众目睽睽之下，中国做了如此举止，并且对於来自国际社会反对的声音，声称是「干涉内政」。

如果香港变得与北京所统治的其他地方一样，进而维护了和平、秩序，并且世界变得安全的话，那姑且可以理解。但是看到中国有著「极权主义的倾向」，那麼中国镇压了香港之後，就会想要镇压台湾。无庸置疑地，绝对会变成那样。再之後，中国势必会想要拿下尖阁诸岛、冲绳，也会想从菲律宾的岛屿拿下菲律宾本岛，亦会想要夺取越南。为此，北京正掌控了缅甸的军事政权，一步一步地布局中。

美国虽知中国的危险性，但美国的民主主义却像是钟摆摇摆，在拜登取得政权半年之後，他们才知道过去自己的主张错了，川普所说的才是正确的。现今美国终於进入了「修正轨道」之路。

当时，川普所说的都被当成是「阴谋论」，被认为都是他捏造的。如今，美国开始反省，终於做出美国该做的判断。不过已犯下的错误，还是让美国後退了一些。

我由衷地希望美国，今後能作为一个像样的国家，发挥美国应有的机制。

对此，日本政府也有著相似的一面。希望日本的政治家不要尽是想著在自己任期当中，执行「让人们认为是自己功劳」的政策，而是要抱持著更为普遍，能横跨十年、二十年，甚至放眼更长久未来的「正确」思想。

4 人们应察觉二十一世纪极权主义的危险，并为自由而战

警钟① 日本的为政者在疫情期间尝到了「压制国民权利」的滋味

被夹在美国与中国之间的日本，似乎也开始出现一点极权主义的倾向。在这一、两年之间，为政者尝到了只要自己发出一声号令，就能压制国民权利的滋味。

他们不仅能使特定业种破产，还能发出「禁止外出令」，也能禁止人们移动至其他县市。譬如，在进行此次法话的隔天，政府将发布「紧急事态宣

言」，届时如果人们像今天一样，从东京前来栃木县聆听法话的话，当地居民必定会产生戒心，以「怎麼可以从东京带这麼多病毒到栃木」的眼光看待外来的人们。

就政治家而言，一旦尝到了权力所带来的滋味，通常就难以放手了。不过，这和北京政府的想法有著相似之处，所以必须要多加留意。

如果政府发出的命令，在某种程度上是在常识范围之内的话，那麼还能接受。一旦那些命令变成常态化，政府有著「只要发出命令就能快速解决一切」的想法时，人民应该会加以抵抗吧。

日本在发出第三次「紧急事态宣言」时规定，人们虽可观看电影，却不能进入电影院，而且三百坪以上的电影院无法营业。对此，有两位电影导演出来抱怨，如此禁令才得以解除。

即使「顺从」是日本国民的美德，但若感觉到有点「奇怪」，终究还是要说出应该说的话，而非默默地听从指令。如果认为「明明电影院从来没有爆出新型冠状病毒的集体感染，为何要遵从那些指令」，那就要对外说出「这是很奇怪的作法」。

现今政府为了哄骗国民，声称要发补助金，进而大量地撒钱。但人们必须要注意，今後会迎来巨大的经济恐慌，或是特定的产业可能会面临悲剧。即使能一时逃过一劫，但终究可能无法撑到最後。

除此之外，最恐怖的就是人们会开始厌恶彼此。至今被视为「经济原理」之一的思想，譬如「藉由让众人利用、消费，进而使事业得以发展」的想法，现今正从根本上面临著极大的动摇。渐渐地，人们会开始认为「人与人之间应保持距离，彼此厌恶拒不见面才是正确之道」。

这虽然有方便的一面，但亦有不便的一面。

碍於不能在聚集一万人以上的场所举办讲演，作为本章内容的法话也只能在总本山·正心馆举行，并进行卫星转播。虽然进行卫星转播，能让更多人们聆听法话是件好事，不过如此状况若持续下去，就不能排除政府今後会针对特定的对象，限制集会活动的可能性。人们必须察觉到这般「危险性」。

警钟②「AI极权主义」和「监视资本主义」的崛起

·中国透过摄影机与无人机对人群的监视

进入二十一世纪的另一个变化，即是所谓「AI极权主义」的体制开始崛起。对此，目前还没有足够的解释与判断。

ＡＩ能为人类处理极大数量的数据并做出判断。我在前文提到了中国的监视摄影机的数量多达「每两位国民就有一台」，此外还有无人机到处飞绕。譬如，无人机能辨识没有配戴口罩的人脸，一旦被拍下了照片，此人就可能会遭到逮捕。甚至，若此人被带到某个收容所，其家人也不知此人的下落。诸如此类的事情将不断发生，这已经超越了一般大众所能接受的范围，侵犯了人权。

对於这样的「ＡＩ极权主义」，在那些公司工作的人们或许为了钱，多少得要忍耐，但是这些人必须知道「不可为此感到欢喜，终究，人权是不可侵犯的」。

・连美国总统的言论都能封杀的巨大企业的权力

若要用其他相似的话语来形容，那就是人们已迎来「监视资本主义的时代」。

我并非仅是指像中国那样的国家。美国、日本、中国、其他地方也都有著如此一面。这样的监视资本主义由「GAFA」而来，也就是谷歌、苹果、脸书、亚马逊等巨大企业。

对於拥有世界规模数据的巨大企业来说，现今是一个极为便利的时代，他们也因而赚取了莫大的利益，有一些地区也为当地政府增添了不少税收。这些类似GAFA的企业出现，其实意味著一种「新的权力」的崛起，他们能透过电子数据，一元化管理所有客户的资讯。

对此，目前在大局上的判断还不够充分。

然而，先前举行美国总统大选的时候，特定的公司自行判断，禁止现任总统或前任总统在网路上发言。这类举止，可说是拥有相当於立法院的权力。

具体来说，川普在总统任内时被禁止使用推特，而在他卸任回到佛罗里达州之後，仍然被禁止使用脸书两年。换句话说，直到下一次期中选举之前，他都被限制了言论的自由。这或许有利於某个特定的政党，却不利於其他政党。

我不太知道如此限制是基於何种判断所做出的，那究竟是由公司成员合议之後，再由社长发布执行，还是单凭负责单位的员工就能决定执行，实在不得而知。外界对於如此权力的源头，其实并不了解。

・在香港实际体验到的「言论镇压」

另一方面，虽然中国主张他们最近才开始对香港施予镇压，但事实却并非如此。

之前我也曾提过，在二〇一一年我前往了香港，在台风中举行了讲演会（参照幸福科学出版发行《大川隆法菲律宾・香港巡锡的轨迹》〈The Fact and The Truth「事实」与「真实」〉）。在前一天晚上，当我抵达饭店开始观看电视时，刚好正在播放本会的动画电影「永远之法」（制作总监大川隆法，二〇〇六年上映）。

我想这是当地香港支部的安排，电影才得以在电视台播放。但是看著看著，进入了开始说明灵界的片段时，画面突然变成一片黑，然後电影便终止了。

这是二〇一一年的事。虽然当时习近平还没完全掌权，但在那个时候，就已无法在电视上播放灵界的画面。在爆发「雨伞革命」的三年前，香港就已经发生了这样的事。

这就是极权主义的特质，人们必须认清这一点。

因此，对於这般「严格控管资讯，不容许发表对国家不忠的言论」的国家，终究人们必须抱持强烈的厌恶感，并加以抗拒。

创设自由，打造能明办善恶的社会

「创设自由」之所以重要，是因为即便世间存在著恶性事物，但藉由行使自由，能让人们了解善恶，进而加以选择。

衣服亦是如此，即便世上有著各式各样的衣服，人们却能依照自己的自由，选择自己认为好看的衣服。如此一来，好的商品自然会畅销，坏的商品则会遭受淘汰。漫画也是一样的道理，好的作品会广布，不好的作品则多少必须面临市场的淘汰。

也就是说，要透过在自由市场的竞争，决定事物的去留。如此原理，多少还是必须保留下来。

一九九一年，我们与《星期五》周刊之间发生了「战争」。当时，一个有印刷能力、报导能力的周刊，由於误解，而单方面对一个刚取得宗教法人资格的宗教团体进行猛烈攻击，出於愤慨，我们向其提出了抗议。

不过现在回想起来，那样的杂志，又或者是未能受到一般大众重视的体育报纸，其报导有时含有著一些真实性。比方说，这些体育报纸或晚报等等，会刊登关於幽浮、外星人、幽灵的目击新闻，但日本的五大报或东京的主要电视台，却几乎不会报导这样的事。即便他们会报导负面的事件，却完全不碰触关於那般灵异或外星人的内容。

但是，这种作法未必正确。据美国的国防部表示，「在一百四十四个的案例当中，有一件确认是气球，其他一百四十三例尚无法确认。那些可能是来自国外的未知兵器，但也不排除是外星人的可能性」。要发表如此程度的言论，实在不是一件容易的事。

对此，日本还是有点迟钝，没有发表太多的意见，只做片面性的报导，但我们已在这方面公开了诸多资讯。

所以仅靠目前既有的权力与制度，不仅无法解释未知领域的真相，有时真相还会被隐瞒。因此在必要之时，我们必须毅然挺身而出。

5 在八十亿人口的时代，救世主的工作实为沉重

人类啊！要请抱持信仰心、要聆听神的话语

世界上，由於不同的宗教或法律制度，进而使得人们有著不同的想法，要加以整合实在是一件难事。然而，至今的「地球历史」即是接受了这般多样性的想法，今後我也希望能接受各种不同的想法。话虽如此，请各位向世界各地的人们传达「我所发布的价值判断，是你们今後的想法之基础」。

截至目前为止，虽然我已发布非常多的重要讯息，但遗憾的是，这些讯息

尚未遍布於各地，所以我希望能透过各种方法向更多人们传达真理。

我已指摘共产主义的一党独裁、专制政治存著诸多错误，但现今西方的民主主义社会当中，其实也存著相当大量的危险想法。此外，世界各处也开始出现透过军事政变夺取政权的现象。

虽说「笔的力量胜过刀剑」，但在行使暴力的地方，言论终究无法战胜刀剑，刀剑也无法战胜枪炮。因此，若有国家堂而皇之地抱持著如此想法，譬如「为了革命，使用武器将人杀了也无妨」、「只要能管制资讯，就能消除一切丑事」，该国的人们势必将面临非常严峻的未来。

此外，在那些被称为民主主义的社会当中，在人权问题、气候变化等问题上，口径一致地发表意见，进而开始采取极权主义的做法。对此，若是感觉到「危险」，该说的还是必须得说。

男女性别本来就有区分，倘若在男女议题上朝向过於激进、宽松的方向的话，同样也会让这世界变得难以居住。

神最初在创造人类时，就区分为男性、女性，这是「地球初始以来的方针」。对此，在人类的世界中，有些人认为人能透过「生物学、医学」的方式改变性别，进而改变对「男女问题」的看法，但是仍需要了解从灵魂的角度来看，那般变性的抉择是否正确。

所以，人权固然重要，但想法一旦过於激进，人类就有可能会落入恶魔的手中。

首先，请各位要抱持信仰心。

要聆听神佛的话语。

请不要无视长久以来「人类的睿智」。

在那样的前提下，科学或物质上的繁荣是被允许的，这个世间不是人的最终居住地，终究仅是灵魂的修行之地。

切勿忘记这些根本原则，并在多样的价值观中选取正确的事物。我们的工作，即是维持这个世间能长久做为一个磨练智慧的修行之地。

做为「救世主的工作」，我想要改变人类的错误想法

我知道关於来世的真相尚未广为人知，我希望幸福科学的教义能广布至世界各个角落。虽然还未能广泛普及，但在全世界一百六十个国家以上，都有著幸福科学的信徒。

光靠日本终究还是有力有未逮的部分。

所以，若是种子传到哪个国家了，就请让它在那里发芽长大吧！

请广布给几万、几十万、几百万人，弘扬这个教义吧！

有时传道也有著不是很自由的一面。譬如，虽然印度有非常多的会员，但是在那里难以打造联系所有会员的设施和设备，或者是从日本汇款到印度也不是那麼容易。

各个国家有著各种不同的国情。

也因此，我希望全世界的各位在自己能做的范围之内，尽可能地努力散播这个教义。

根据幸福科学所发布的资讯，若是各位发现在现今的政治、经济或媒体的工作中出现了错误，请务必发表出你的意见。

希望各位对於「不合理的事物」，终究还是要表达出意见。

日本的首相认为「只要打了疫苗就能解决一切，东京奥运便能顺利举行」，但事实上各种迹象已显示「疫苗无法解决一切」。今後，日本政府将会面临更多挑战。

然而，我们必须要跨越这道难关。

原则上，我会为了保护有信仰之人持续努力。

请各位切勿败给新型冠状病毒等疾病问题，

事实上那仅是一种唯物论的想法。

请告诉人们「在此时必须抱持坚强的精神」。

拜托各位了。

地球人类现今已逼近八十亿人口，
若是一半以上的人类抱持著错误的思想，
想打造一个没有信仰的世界的话，
「反作用力」必定会发生。
我希望在那之前，能改变人类的想法。
我认为，这就是「救世主的工作」。

这一次的工作特别沉重。
不仅世界各国的数量众多，面积也辽阔。
此外，这个病毒流行蔓延的时代，
也是行动受到了局限的时代。

不过，不论发生什麼事，
我们都应将正确的思想贯穿、广布於其中。
请以信仰心为中心，
构筑自己的人生与工作。
并且，请尽可能地向更多人们传达正确的人生态度。

第2章

现今弥赛亚应说之事、应做之事

——给处于人类史的转换点之地球的指针

1 「现代的弥赛亚」降临於二十世纪的时代背景

延续第一章的〈埃洛希姆的本心〉，本章同样是难度很高的内容。本章章名是〈现今，弥赛亚应说之事、应做之事〉。要从我口中讲述如此主题，我想其内容会相当严峻。虽然我希望能像启示录一般地述说未来之事，但毕竟现在此刻，我正活在世间推动著传道活动，所以无法像是启示录一样，淡定地述说预言。

我想应该很少人能够在一九〇〇年的阶段，就正确地预测二十世纪将会是何等世纪。

我相信当时的人们都没有预测到会发生「第一次、第二次世界大战」、「俄国革命与共产主义革命」、「苏联的崩解」、「德国在输了第一次世界大战後，在仅仅二十年後就又建军兴起了第二次世界大战」。此外，或许人们也没预想到「由二次大战的战胜国所组起的联合国，如今分裂为两派，并且功能不彰」。

我曾听说过「苏联将在创立七十六年後瓦解」的预言，不过现今中国却在庆祝著共产党创党一百周年，并期许能更加跃进。人们对於极权主义的想法，开始出现异论。

譬如，今早我看到了一篇这样的报导：「俄罗斯树立了一个新法，内容是『第二次世界大战由於苏联参战，才得以战胜德国纳粹的法西斯主义，因此史达林所兴起的革命政权是纳粹主义的敌人，所以不可将苏联的史达林主义与法西斯主义混为一谈』。就这层意义上而言，人们言论的自由、学问的自由都被封杀了。」

今後，人类将进入严峻的时代。往後世界各国将主张自己的正当性，否定、轻视与自己的主张互相冲突的想法。

前文中我提到了「很少人能够在一九〇〇年的阶段作出预测」，但如果把视角置於西元二〇〇〇年，又会变得如何呢？「若是从西元二〇〇〇年来看，二十世纪会是怎麽样的世纪呢？若是时间能重来，应该要更改何处的何种作法呢？」即便能办得到，我想那也是极为困难之事。

比方说，第一次世界大战的时候，战斗机皆为螺旋桨式的双翼飞机，所以当初人们并未将其作为攻击武器。遇到了敌人的飞机时，双方飞行员甚至还会挥手打招呼。这就是第一次世界大战的状况。

然而，到了第二次世界大战，就出现了轰炸机与战斗机，人们还会透过航空母舰、驱逐舰、潜艇进行各种战斗。仅仅二十年之间，战争的概念便出现了如此了巨大的变化。

从二〇〇〇年的阶段观看二十世纪，还有著另一个观点。那就是除了发生了「第一次、第二次世界大战」及「革命」之外，人们还开发了核武，并将其投在广岛和长崎。这在二千数百年至三千年左右的现代文明当中，绝对是必须记载在历史上的事件。

当时，人类第一次看到了使用核武会带来何种结果。只要使用核武，无论是谁都能在自己不玷污双手、不流下一滴血的情况下，完全毁掉一座都市，让绝大部分的人口死伤。那仅仅是在一瞬间发生的事，也就是说，以按下了按钮、投下了原子弹的飞行员，是否有罪恶感则不得而知。或许多少会感受到一些罪恶感，但他们也同时获得了国家的赞扬。关於这方面的善恶判断，必须要等到死後才会知道。

此外，东京大轰炸的时候，也是在一夕之间房子被烧毁，造成十万人以上死亡。如果回顾当时的画面，看著人们纷纷跳入神田川的样子、人们被烧死的惨状，就能够明确地知道，那里简直就是阿鼻叫唤地狱。

自从美国在广岛与长崎投下了原子弹以後，核子武器便被禁止使用了一段期间。一九六二年发生的古巴危机，也是因为当时美国察觉到，苏联要利用货船将核弹带进古巴境内，当时的甘乃迪总统便下令进行海上封锁，用船舰包围古巴周边，并告知苏联「若是越线一步，美国将不惜发动战争」，当时一直处於紧迫的危机状态。

根据当时在美国留学的学生所说，「美苏核战随时一触即发，实在非常恐怖」。但那时苏联的领导者对广岛与长崎的惨状仍记忆犹新，所以才让货船掉头，并撤掉古巴境内的飞弹基地。於是，美苏大战才得以紧急回避。

这在当时对於美国而言，想必是一个「挑战」。如果甘乃迪总统的态度软弱，核弹必定会被运进古巴，并建立起飞弹基地。如果苏联从古巴以核武飞弹，攻击美国本土各个都市的话，恐怕美国将无法完全防御所有的攻击。

现今，也发生著同样的状态。譬如，若是北韩用核弹瞄准了韩国或日本，韩国与日本也同样没有办法完全击落所有的飞弹。对於来自中国的飞弹攻击，大概也是相同的状况。

也就是说，当悲剧发生之後，人类虽然对其能记得一阵子，但随著时间流逝，常常就会逐渐地忘却。

2 强国的侵略历史与「弥赛亚」

从历史所见之「弱者的败仗」

据说，现今的战役是「民主主义与独裁专制主义之战」。

在古代的希腊与波斯之间的战争中，波斯以它庞大的专制君主政治及军队体制，让希腊屡战屡败，波斯军队也几乎烧尽了希腊的所有建物。於是，希腊人便乘船逃离，最後仅以地中海中浮出的一小部分土地，让希腊这个国家得以继续存活。

希腊虽然透过海战扭转了局势，但在陆战还是败给了波斯。与希腊土地相连的「斯巴达」，尽管被称之为强国，但如同电影「三〇〇壮士：斯巴达的逆袭」中所描绘，亦是被波斯打得体无完肤。那是一场三百人对抗二十万、三十万人的壮烈之战。即便那三百名战士是英雄，但他们却打了一场完全没有胜算的陆战。

这意味著，对於一个由巨大独裁国家的唯一专制君主所发动的侵略战争，希腊的雅典、斯巴达在陆上完全没有胜算的可能。

不过，由於波斯在海战中相对较弱，所以在地中海的战役，逐渐被希腊扭转了局势。

此外，以现今的宗教史来说，相当於西元前四年左右，耶稣・基督诞生於世间，并试图拯救这个世界。不过，在他从三十岁进行了大约三年的传道之後，他被犹太人安上「伪造神旨、传递错误的宗教」的罪名而遭到逮捕，并且跟其他犯人关在一起，最後被架上十字架施以死刑。

之後，那样的犹太国，在西元七十年左右便灭亡了。在马萨达陷落之後，犹太国便亡国了，之後犹太人就散居於世界各地。他们一边从事金融、买卖、贸易，在那一千九百年间，散居於世界各国的犹太人抱持著《旧约圣经》的信仰过活。

然後在一九四八年，经历了纳粹在波兰对六百万犹太人的大量虐杀之後，犹太人在英法美等国家的帮助之下，时隔一千九百年之後，在巴勒斯坦境内的一个角落建立了名为以色列的国家。

这对於长年流离失所、不断逃亡的犹太人来说是一个救赎。不过另一方面，这同时也产生了新的纷争。毕竟他们在已有居民的巴勒斯坦，强行使其割让土地，并且要在那建立国家，这对於本来居住就住在此地的阿拉伯人与巴勒斯坦人是一种权利的剥夺，这些居民势必会想要夺回本来属於自己的国土。

此外，以色列人都经历了希特勒的大量虐杀，所以知道「只要没有军备，无论有多麽高尚的文化都会被消灭」。

能够从德国逃亡到法国的犹太人少之又少，即便有一小部分人受到了教会的庇护，但得以存活的大部分人皆是先逃往英国，又於英国的战况恶化之际再逃往美国。逃亡到美国的这些人，为了第二次世界大战後美国的繁荣，做出了非常大的贡献。所以历史证明了「犹太人的优秀」，却也同时证明了「再怎麽优秀也可能会遭到消灭」的事实。

以核武保护国家的以色列，与对抗以色列的伊斯兰教国家

当以色列在一九四八年建立了国家後，政治哲学家汉娜・鄂兰担忧此事或许会带来恶事，她预测这将会引发新的战争。她自己也是出生在德国的犹太人，并且经由法国逃亡到美国。如同她的预测，当以色列建国之後，又勃发了战争，当时的确爆发了第四次中东战争。

我记得她曾说过，她很庆幸以色列打赢了那场战役，或许在她认为以色列就算是输了也是没办法的事。毕竟要在他人的国家土地上建立国家，并与这个国家对战，本来就是一个极其严苛的局面。

因此，以色列拥有非常强大的武力，据说现今排名是世界第四，也有排名第二的说法。这是由於以色列并没有公开关於核武的资讯，不过据推测以色列

有著那般强大的武力。

为什麼以色列会拥有这般强大的武力呢？这是因为，在伊朗等国家的反革命势力推翻了王政体制以後，伊斯兰原理主义的思想变得更为强烈，进而出现了「必须让以色列从这世上消失」的口号。对伊朗来说，只要不消灭掉以色列，阿拉伯的和平便永远无法到来。

然而令人遗憾的是，对他们来说，伊斯兰公认的国家之间未必有著相同的想法，且彼此的关系良好。伊斯兰除了有逊尼派和什叶派以外，还有其他有著突击队组织的小分派，这些组织的意见难以统一。

为了防止伊朗藉由核子武器成为强国，进而要求其他伊斯兰国家为了灭除以色列而战斗，先进国家拚命地介入其中，六个国家签订了协议。

在川普担任总统期间，美国支持著以色列，主张「戈兰高地是属於以色列的」。对此，以色列的首相想要更加讨好川普，进而宣称会将此地称为「川普高地」。

然而当美国的政权交替之後，那般作法开始出现动摇，难以预测未来会如何发展。

至於伊斯兰国的盟主，原先不久前的盟主是伊拉克，但在伊拉克战争中，伊拉克败给美国，吞下败仗之後，伊朗便开始以成为盟主为目标。只要伊朗拥有核武，基本上伊朗就会变成盟主，但各个国家都对伊朗加以箝制。

从伊朗等国家的角度来看，他们认为「自己才是原先的居民，後来才建立人工国家的以色列却拥有核武，实在是很不公平。以色列有武力能够毁灭自己，自己却无法毁灭对方。这无论就军事防卫上，或人口比例上来说都不合理」。居住在以色列国内的人口大约只有一千万人，即便加上住在海外的犹太人，也只是一千五百万，不到二千万的人口，是个比台湾人口还要少的国家。

我想伊朗肯定难以忍受，被这样子的国家掌握生杀大权。

在遭受强国摆弄的凄惨历史中所出现的「犹太预言家们」

·摩西

另一方面，以色列的国民本身，也在过去经历了非常久的凄惨历史。阅读耶稣所讲述的教义《新约圣书》之前的《旧约圣书》，就能够看到当中记述著「以色列人过去是如何建立并保护了自己的民族」、「因为我们是神所特选的民族，所以神庇佑著我们」、「神不断地派预言家到世间」等内容。

即使是这样子的国家，却仍是不断经历众多的悲剧。

或许有人已经忘记了世界史，譬如，以色列的起始是从人们作为埃及的奴隶开始。据说，犹太人在数百年间一直作为奴隶建造著金字塔。

在那段过程中，由於「无论如何都无法逃避被杀的命运」，身上流著犹太人之血的摩西，便被父母放在筐子里放流至河川上，恰好被没有儿女的公主捡拾，於是摩西就被当成埃及人抚养长大。

之後，在他快二十岁的时候，发现了自己其实是犹太人，并且知道了自己的同胞们为了盖金字塔被当作奴隶，甚至遭到杀害。於是他渐渐地了解自己的使命，并在日後成就「出埃及」的任务。

在正式的资料当中记载，摩西当时率领了成人男子六十万人出埃及。由於还须加上女性、小孩、动物等等，故推算当时他率领了大约两百万人的集团。

接下来的内容则已进入神话的领域，所以我无法明确地描述。原本当时埃及允许将近两百万的群众步行并拉著驴子逃离埃及，但後来法老却突然改变了想法，开始追击犹太人。那时，犹太人面前的红海分成了两半，待犹太人们渡海之後，海水便恢复原状，吞没了在後方追击的法老与埃及军队。

关於这个部分，後代人们加上了非常多的修饰，是否就真的是那个样子，实在是一个疑问。现代的红海非常深，难以想像能将海水分成两半，所以据说那掺入了一些其他内容。

再往北方一点，有一个比较浅的湖泊，有时能够看到湖底。有些学者表示「刮著强烈东风的时候，有时那里的确有能看见湖底的地方，当时应该是指那里吧？地点应该不是红海，而是那个湖泊吧」。

我也认为真相比较接近那些学者的看法，不过许多民族历史的起始，本来就会有著各种修饰，所以我想也不应该讲述太多意见与臆测。

即使因为神的奇迹，在逃离的摩西等人们身上发生了那样的事，但在之後他们为了寻找心中的桃源乡、乌托邦，也就是神所应许的「流著奶与蜜之地」，在沙漠中寻觅、流浪了几十年。

有时他们发现了一座绿洲则会暂居在那儿，但是在沙漠流浪了这麼久以後，才发现神所应许的地方早已有人居住。

因此，就像现代所发生的事情一样，早在距今三千年前「出埃及」时就已经发生过。神所应许的地方，已经有别的民族住在上面，因此才演变成战争。

由於在进入战争以前，摩西就身故了，所以是由约书亚领导人们作战。就结果来看，犹太人是透过战争，以掠夺的方式建立起自己的国家。

・耶利米

由此可见，《旧约圣经》所记载的，其实就是犹太人与他国的战争历史。几乎所有事情都是以战争的方式反覆发生。在犹太人的历史中，「弥赛亚」即是为了防止国家灭亡，进而出现拯救国家的存在。

虽然人们认为弥赛亚的任务，即是保护民族、国家，但亦出现了未能彻底保护的事件，譬如「巴比伦囚虏」的历史事件。

底格里斯・幼发拉底河流域一带的文明，终究历史较长远且较强势，所以犹太人可能像过去曾被埃及当作奴隶一般，再度被巴比伦当作囚虏。换言之，他们会被强迫带去伊拉克的首都当成奴隶，整个国家将变成殖民地的状态。

为此，预言家耶利米当时曾多次大声呼吁人们，敌人将从北方出现。这与之後日本的鎌仓时代，在日莲身上所发生的事情几乎一模一样。日莲当时劝告幕府「蒙古、元将要进攻而来」，却遭受幕府的镇压与处刑，最终被流放到佐渡岛。耶利米亦是如此，世人当时没有相信他的警告，因此造成了历史上的「巴比伦囚虏」事件。

耶利米遭到了逮捕，并垂吊於水井之中。井的底部都是沼土，应该也还有著井水，他被捆绑浸在其中，那近似於拷问的折磨。

最终，他得到了什麼呢？尽管印证了他的预言，但他也只有获释，捡回一条命，最终还是没能拯救国家。即使不幸的预言最後成真，但亦有无法加以拯救的例子。

照理说来，犹太人们听到了「耶利米的声音」，本该加强防卫，为了阻止侵略，应该聆听神的话语才对。但距今将近二千六百年前的人们，并不相信耶利米所传达的神的话语。

・耶稣

继耶利米的五、六百年之後，也就是在西元前後左右的时期，耶稣诞生於世间。人们对耶稣的所作所为，也予以相同的对待。

虽然在《旧约圣经》中没有明示年数，但其中提及的「第一以赛亚的预言」里头，确实写道「弥赛亚将会现身并拯救以色列」的字句。

甚至还写道「弥赛亚将骑著驴子，一边喊著『和散那（求你拯救）、和散那』，一边进入耶路撒冷」以及「人子将会被钉在十字架上」。

因此，据说人们相信耶稣是为了实现、成就《旧约圣经》中的预言，才做出那样的行动。

然而，众多弟子们都反对耶稣为了被钉上十字架，进入耶路撒冷，现实即是如此。

犹太人对於耶稣的看法，他们虽然认定耶稣是预言者之一，却不认同他是救世主。

在耶稣出现之前，罗马即是一个强大的国家，以色列之地也是罗马的殖民地，所以完全没有战胜的馀地。因此，当时的犹太人们的传统教派，实际上是罗马帝国的傀儡政府，只要他们能透过宗教的力量防止新的叛乱军出现，就能受到罗马的庇护。

只要知道如此情形，就能大概看出《新约圣经》的来龙去脉。

打压「信教自由」、「言论自由」之中国的威胁

相同的状况也在中国发生。

在中国有很多基督教徒，据说表面上就大概有一亿人，若加上在地下活动的信徒的话，据说大约有两亿人。

现在，中国政府与天主教之间，对於主教的任命权应该由梵蒂冈持有，还是应该由北京政府持有一事出现了争论，然而没有军事力的梵蒂冈作出了让步，让中国政府任命主教。

在中国宪法当中，虽然对於「信教自由」、「言论自由」有著诸多记载，实际上却没有被实行。这是因为，中国认为若是不爱国，就不是中国人。在第二次大战的时代，日本也出现了「非国民」一词，这其中包含了「反对战争之人即非国民」的涵义。

因此，如果要为「必须成为爱国者」下定义的话，那麼言论、出版、信教等等的自由被打压，也是理所当然之事。

此外，梵蒂冈是认同台湾为国家的少数国家，所以我想中国透过欺压梵蒂冈，间接压制著台湾。

由此可见，相同的事件在历史上屡屡发生。

3　原子弹爆炸所带来的「地球之转捩点」

从西元二〇〇〇年的阶段，思考第二次世界大战的「历史上的IF（假如）」

若从二〇〇〇年的阶段重新来过，并已知中国会像现在如此强大，自然会发现有几件事绝对不能做。关於这一点，我想二次大战後的历史家、新闻记者、政治家等都犯下了众多的错误。

若是从把中国视为假想敌对峙的美国的角度来看，又会有何种想法呢？

第二次世界大战时，在日本的特攻队出现以前，美国的杜立德空袭队仅装载了单程燃料，前往日本的东京、名古屋、大阪、神户等都市投下了炸弹，并在中国以机腹著地降落。那是日军预料之外的战略。据说几乎所有的战机都因燃料不足，机腹著地迫降於中国境内。

这对他们来说是英雄的行为，对於中国来说，也因「帮助到了中国」，也视其为英雄的行为。但经过了几十年之後，当美国知道了中国变成了美国最大的威胁时，我想他们会变得很难评价当时之事。

此外，对於美国在日本投下原子弹一事，美国长期对外声称「那是为了尽早终止战争」、「若战事持续下去，苏联有可能会往南下掠夺日本的北海道及东北地区」。

以上所说的都是「历史上的ＩＦ」，也因此有著难以言喻的一面。不过，譬如苏联受到了邱吉尔的怂恿，付出极大的牺牲击败了德国。这一战，苏联死了超过两千万人，如果没有一点「回馈」就太吃亏了，於是苏联便建立了一大堆偏向苏联的共产主义卫星国。不过，苏联在日本只拿到了北方四岛，直到现在不但不肯归还，还说著像是「这是『战争後的回馈』，怎麽会放手」的话。关於这部分，日本与俄国的外交交涉正窒碍难行。

就像这样，有时获得赞赏的历史事件，也可能在日後变成完全相反的评价。胜者可能扣下了往後让自己变得不幸的扳机，败者也可能会变得更凶暴并展开攻击。

此外，落在广岛与长崎的两颗原子弹，对地球全体暗示了今後的战争形式将有所改变。二次大战後，苏联率先进行了氢弹试爆，随後美国也跟上脚步，如今联合国的五个常任理事国都持有氢弹。北韩虽然不是常任理事国，但它也主张自己拥有著原子弹与氢弹，如果这是事实，那麽代表其他国家无法对其轻易地展开攻击。

由此可见，二十一世纪充斥著不确定因子。而在本章，我想从二一〇〇年的立场来反观二十一世纪，阐述事物会如何发展、是否有更改的馀地。

原子弹爆炸的影响①　「宇宙存在」的真正介入

二战时广岛、长崎的核弹爆炸，除了改变了今後战争形式，也同时带来另外两个影响。

第一点是，由於原子弹的使用，引来了来自宇宙存在的真正介入。

这即是指一九四七年发生於美国的「罗斯威尔飞碟坠毁事件」。据说当时有一个飞碟坠落在新墨西哥州，飞碟机体、飞碟当中的外星人尸体、生还下来的外星人都被政府单位回收。长久以来，这个事件都被美国当成最高机密。

在那之後，世界各地陆续出现非常多幽浮的目击消息。虽然美国的目击次数最多，但美国以外的先进国家，也出现了众多目击案例。墨西哥等南美国家也有出现案例。虽然过去日本的案例不多，但近年来案例却大幅增加。

此外，幽浮也在中国现身，还曾经让中国不得不封锁某个机场一个多小时。当时，明显看似幽浮的物体出现在中国机场内，照亮了整个机场，导致机场必须封锁，禁止飞机起降。除此之外，俄国也有各种目击消息。

即便并非所有国家都将如此资讯公开，但有些国家怀疑，那是否是单纯从宇宙来的幽浮，还是他国的秘密军事武器。

在纳粹希特勒的晚年时，也曾开发过幽浮，并且那些实验的影像至今也还存留著。影像记录当中，纳粹似乎已开发到能使物体一边旋转，一边漂浮於空中的阶段。

因此，当时还流传著「希特勒其实没死，他搭乘了幽浮或潜艇移动至南极，居住在地底下」的传说。不论怎麽说，当时纳粹确实进行了幽浮的研究。

并且，德国与日本在二次大战中进行了原子弹的研究开发也是事实。若是再差个一、两年，或许投下原子弹的就会是德国或日本了，如此假设也不是不可能。

也因此，这个在第二次世界大战当中的原子弹，可说是为人类史区分了一个段落。

在一九四五年美国投下原子弹的两年之後，从宇宙前来视察地球的外星人大幅增加，罗斯威尔的飞碟坠毁事故正是在那时候发生。

此外，因为当时喷射客机的航班逐渐增加，因此从空中目击幽浮的资讯也变多了起来。另外，当时也有很多幽浮的影像、照片被人们拍摄下来，可见人们开始对於宇宙感到关心。

最近美国政府曾发表报告，「近年来有将近一百四十四例疑似幽浮的案例。其中有一件确定是气球，不过其他案例尚无法确认为何物。那些可能是来自他国的间谍武器或攻击武器，但也不排除是外星人的可能性」。至今，这份报告的内容还停留在一个很不明朗的阶段。

我认为，目前各国都在暗中进行各种宇宙方面的研究，若是某一个处於颓势的国家，能够在军事上使用来自好几光年之外的外星科学技术，那麼该国势必能逆转至今的劣势，取得绝对性的优势。

现今，日本对於宇宙方面的资讯非常落後，所以幸福科学在这十年左右，不断揭露各种情报。并且，我认为这也是外星人们所期望的。

特别是，我在二〇一〇年某一天的白天，於横滨体育馆进行了关於宇宙时代即将揭幕的讲演，而在讲演的最後五分钟，我讲述了：「宇宙时代即将开始，你们将会目击各种事物。」（二〇一〇年十二月四日，爱尔康大灵庆典法话「『世界宗教入门』——地球人的思维观念转换」。收录於幸福科学出版发行《不灭之法》）当讲演会结束，几千名听众离开体育馆时，都亲眼目睹天空出现了超过一百架的幽浮舰队。

这是在白天进行的讲演，所以很明显地那不是星星，也显然不是美军或自卫队的飞机。现场目击者有好几千人，当时我也正要从横滨体育馆搭车离开，看到众多本会会员一边看著天空，一边指著幽浮的景象。

我想，从那时候开始，便正式敲响了「宇宙时代到来」的钟声。

现今，外星人想对频繁出现幽浮的日本传达何种讯息？

在我提及了宇宙相关的事物之後，就出现了大量幽浮，这也就代表著，我在讲演会所讲述的内容，能够传达至外星人那一方。他们从幽浮当中观察并理解了我以日文讲述的内容。也许他们能够将我的话语翻译成他们的语言，或是用心电感应的方式理解我所讲述的内容。

无论如何，他们确实在靠近自卫队或美军基地如此危险的地方，在礼拜六的大白天，掌握了我所讲述的话语，并在讲演会结束後，堂而皇之地现身於当地上空。当然，他们应该只停留大约十分钟，便飞离了现场。

因为他们拥有的技术能让自己被雷达侦测，或不被侦测到，所以哪怕是美国军机或自卫队飞机紧急升空，对他们也是无能为力。

通常，军机等在地球圈内、大气层圈内飞行时，一般维持著二或三马赫的速度，若是全力加速，就能达到八到十马赫的速度。马赫就是「音速」，超越音速的速度，就会以马赫为单位表示。一般客机的速度大概是时速数百公里，一旦超越了马赫速度，人的身体就会承受非常大的压力。

现在一般客机从日本飞往美国，大概需要十三小时，但若是具备了幽浮的速度，不到十分钟就能绕地球半圈。

当时五角大厦受到美国总统的命令，公开了三架幽浮的影片。影片中，幽浮在面对风速每秒六十公尺的状态下，丝毫不受其影响，漂浮於空中。如果那是人类科技所研发的话，便真的是一个极其新锐的科技，进而让人们感到有点恐惧。

实际上，幽浮即是以那般速度移动，若是用八马赫或十马赫的速度飞行，无论用何种飞弹，都无法将其击落。飞弹大约只有二马赫的速度，很少能达到三马赫。

因此，与幽浮的速度相比，洲际弹道飞弹的速度，著实令人感到非常缓慢。譬如，若是从地球的某一端发射洲际弹道飞弹，要打到另一端也需要大约一个小时的时间。所以只要有幽浮的技术，其实就可以打下洲际弹道飞弹。

如果北韩或中国，向日本或日本的美军基地发射飞弹，大约在十分钟以内就会抵达。为此，虽然日本现今透过各种侦察舰，试图在第一时间侦测飞弹动向，并透过ＰＡＣ－３型飞弹迎击。然而，这也取决於对方要瞄准哪个地点、在哪个时段发射，现在已经到了无法全部将其击落的时期。

比方说，若对方在黎明时分发射，届时日本无法做出政治的判断。又或者，若对方在天候不佳时发射，也会变得难以锁定飞弹的位置。

也因此，若是在近距离发射洲际弹道飞弹，日本这个国家，很有可能会像过去的以色列一样，尝到相同的苦楚。我认为，现今幽浮在日本频繁出现的理由之一，就是为了传达如此危险性。

原子弹爆炸的影响② 二十一世纪战争的样貌将会改变

另一个影响，即是我们可以推测二十一世纪的战争，将不会局限於炸弹或飞弹程度的攻击。

现今，地球上几乎所有的文明，都是仰赖无线电波运作，所以人们预测若是某国要发动攻击，最初的攻击目标不会是他国的都市或是军舰，而是人工卫星。因此，即便一般的人工卫星不会装载武器，但某个国家所发射的人工卫星，或许就装载了武器。

若是如此，环绕著地球的某国人工卫星，便有可能会破坏他国的卫星。又或者是从地球发射像是太空船一样的东西，其实是为了破坏他国的人工卫星。

如果人工卫星遭到破坏，会发生什麽事呢？目前的洲际弹道飞弹或神盾舰，都是透过人工卫星来侦测敌人的攻击，进而加以反击。所以若是人工卫星被击落了，几乎就会失去防御能力。这就是人们预测可能会发生的情况之一。

此外，有些国家正在研发各种新型炸弹，研究能否从更高处投下炸弹，而不是从战机上投下炸弹。所以人们非常担心，能否防御来自於大气层外的导弹攻击。若是环绕著地球的卫星，从上空往下攻击的话，我想或许难以防御。

除了破坏人工卫星，地面的系统几乎都使用著电力，透过引发电力失效、电波失能的状况，地面上的电视、收音机、电话都变得无法使用，电车、巴士、新干线、铁路、磁浮列车也都将完全停摆。

因此，今後可能会发生扰乱资讯、切断资讯的战争。只要使用如此手段，便能够破坏对方以电力为中心的资讯系统，进而使其一瞬间丧失战斗能力。这个和发射麻醉针到动物身上有著相同的效果，越是近代的国家，这个「麻醉针」的效果就越是强烈。

特别是，那不只会引发地上的移动手段、联络手段的混乱，还会连带引起金融系统的混乱。现今的金融服务几乎都是电子结帐，如果有人打算从根本加以破坏，这不仅能窃取个人财产、国家财产，金融市场亦会出现各种紊乱。

也因此，二十一世纪的战争，将会变得十分复杂、严峻。

譬如，若是能够在「侦测出核子导弹被射出」之前，就破坏其侦测系统，人们将难以得知发出攻击的凶手。而这个「电子作战」，就是「俄国与美国」、「中国与美国」之间正在议论的问题。

如果中国想要攻击台湾，势必会先从麻痹其近代技术的部分开始，也就是从破坏台湾的防空系统为重点。首先让系统出现异常，致使失去联系的功能。

至於下一步该怎麼做，我想他们还在议论当中。

4 守护世界和平的「弥赛亚真正的工作」

为了抑止「唯物论、科学万能主义」之恶持续蔓延，人类必须对地球神抱持信仰

正因如此，接下来的战争会有相当大的变化，科学技术发展的同时，容易促进并称赞唯物论，并且会礼赞唯物论科学的胜利。然而，科学技术本身，并没有那麽清楚的「善恶」之分。

也就是说，优胜劣汰，在拥有相似的科学技术的国家当中，越是好斗、越

是喜欢作恶、越是能感受到对方之恶的国家，其攻击能力就越强。

如果一个深信唯物论、无神论，信奉科学万能主义的国家，抱持著「善恶本就不存在，只要赢了就是善、输了就是恶」、「爱国主义就是善」，并且将「国家若是胜利即为善，国家若是输了即为恶」的想法强压在国民身上，进而限制言论、出版、资讯的自由，对於外国人也限制旅行、移动、职业的自由的话，这对有著传统信仰的人们来说，是一个极其严苛的状况。

所以，若是要我述说「现今，弥赛亚应说之事、应做之事」，那就是现在日本一直被传统战後的价值观捆绑著，基於自虐史观、反省史观，迳自地认为「只要日本把爪子给剪了、牙给拔了，世界就会和平」的话，那麽不只日本自己国家的和平难以守护，世界的和平也难以维持。如今已经到了如此时期。

想要抑止那般唯物论的科学万能主义，确实的方法之一，即是要对思索著地球整体事物之神抱持著信仰，这股抱持著超越民族、超越国家的信仰的势力，终究将成为一定的抑止力。

因此，虽然我现在讲得像是事不关己，但如果幸福科学止步在目前半吊子的状态下的话，弥赛亚就无法成就真正该遂行的工作。

譬如，幸福科学在二〇〇九年创立「幸福实现党」时，北韩研发了核武，并试射了很多飞弹。创党当时，日本的执政党为民主党，并出了三个总理大臣，当时对於北韩的导弹一事皆采取姑息主义，并且一味地向中国靠拢，只为了保全自己的权力。

之後，虽然换安倍政权执政，采取的态度却是「如果日後北韩发射了导弹，响起了防空警报，那麼人们就要进行避难训练，就和战前或是战争当中所做的一样」，并没有拿出根本的解决方法。

也因此，如果现今一个没有道德、良心，或是没有抱持著对神的信仰的政治家，对外表达「为了让自己的国家能够存活下去，战胜他国或占领他国皆为善事」，并且「为了避免出现违反如此想法之人，所以要管制言论、思想，也要控制报纸、新闻、社群媒体，若是违反，就加以逮捕」，那麽在这种状况下，所有反对的声音就会完全消失，只会出现赞成的言论，或是近似百分之百的赞成，要不就是一小部分保持沉默或弃权。

日本变得必须要与这样的国家对战，所以战後的价值观的修正非常重要。

在「战后的反省」便停止思考的日本所面临的危机

二〇〇九年幸福实现党创党时，我们看到了来自北韩的飞弹危机，中国亦盘算著「要将日本纳入麾下，让美国霸权收手，把中国到夏威夷的海域都占为己有，并且将澳洲、东南亚、非洲、一部分的欧洲都置於自己的控制圈中」，对於如此状况，我认为日本必须要有能清楚表达意见的政党，进而创党并推动各种活动。

只不过，日本媒体人的知性程度仍远远不足，日本学者的知性程度也仅停留在战後的反省。被称为「明智的政治家」，皆是左翼的自由派或人权主义派，尽是主张「日本要反省过去日军所犯下的恶行」，要不就是在广岛召开集会，老是讲著「日本绝对不会再次打仗」、「日本绝对不会再兴起军国主义所招致的悲剧」。可是这种做法，完全不能构成让日本免於战争的对策。

历史已告诉人们，不管是过去的希腊，还是在更之前的以色列、犹太之国，当强国出现之际，要不就是被毁灭，要不就是变成殖民地，人民全被当作奴隶。

在中世纪时亦是如此，元（蒙古）帝国进攻至欧洲，拿下了朝鲜半岛，还试图朝日本进攻，在鎌仓时代日本与其对战了两次并加以击退，这才得以延续到现代。

在明治维新时代，也发生过同样的事。当时，因为中国渐渐地遭到美国的殖民地化，日本幕府才急忙选择开国。在那段过程当中，出现了许多志士、「小弥赛亚」，推动著日本的近代化，让日本得以列入世界五大强国，进而保护了国家。

但是在二次大战之後，日本一直处在停止思考的状态，所以即便中国庆祝著「中国共产党建党一百周年」，日本也完全没有加以阻止的力量。

日本共产党这个政党，为了表达「自己和中国共产党不同」，进而说著反对中共的话语，但我不知道他们的心中在想著什麼。或许他们认为，若是赞同中国的意向，就有可能被人们误会要废除天皇制，进而就会让自己无法赢得选举，所以刻意与中国抱持著距离。

5　在地球神的眼中，「共产主义」为何危险？

共产主义的危险性①　肯定「暴力的革命」将会引起大规模的虐杀

关於共产主义，我在过去曾论述了许多次。

一八〇〇年代後半，卡尔·马克思撰写了《资本论》，并在一八〇〇年代中间也发表了《共产党宣言》。他死的时候，他的书还尚未普及於世，信奉者也少。

当时有一些社会主义团体开始使用马克思主义，一如马克思生前所说的

「马克思和马克思主义是不同的」，他的理论开始被不同地使用，成为批判既有权力的力量。

一个在死去之时，完全无力、没有影响力的马克思，我有点讶异他会在一百年後，有著那麼大的影响力。

只不过，我想简单地提醒各位。共产主义认为，每一个人皆平等的社会，是一个美好的社会，并且为了保障人权，共产主义能够成为一种粉碎「天生的阶级制、身份制」的力量。不过如此共产主义的危险之一，即是它「肯定暴力革命」。

共产主义认为「革命必须透过暴力」，所以兴起共产主义革命的所有地方，都出现了大规模的虐杀。这也就等於，革命从大规模虐杀开始。透过大规模虐杀兴起革命，进而树立政权的人，之後在维持政权期间，若是出现了试图推翻自己的反对势力或外国势力，就还是会再用相同的方式对付。

如果在那个国家，将革命视为「善」的话，那麽就很容易认为「大规模地虐杀那些试图推翻成就那般革命的政权的人们，完全不构成任何罪行，因为那是正义之举，也是为了保护国民的幸福，为了保护爱国之人」。

因此，一开始用武力统一国家是经常发生之事，然而一直持续抱持那般想法的话，终究是有其危险性的。我认为，还是必须创造出得以共存的价值观。

共产主义的危险性②　人们将会失去「勤勉的精神」、「资本主义的精神」

除此之外，还有另一个危险性。把自由赋予人们之时，绝对会出现勤勉之人与怠惰之人。於是，在结果上就会出现明显差异。在一代之内，就会看到差异。快一点的话，过了一年或三年，就会出现差异。

若是出现了那般差异，此时有一股强大的权力抹煞那些差异，全都变成平等的话，之後会变成怎样呢？勤勉的精神就会消失。

「资本主义的精神」源自於「勤勉的精神」，藉由抱持正确的志向、勤勉地工作，累积储蓄，当储蓄变成巨大的资本，再藉由投资，成就伟大的事业，此时社会会变得丰盈，国家也会变得丰盈。如此「善的循环」，即是资本主义的精神。

然而，如果否定了积蓄财富的思想，换言之，如果有哪个国家认为「若是有人将钱储蓄了起来，就必须要课以税金或罚金，要不就是把此人关进牢里并没收其财产，并将其平等地分给所有的人」，那麼基本上这个国家，就不会再有人想要劳动。因为在那个国家出现了，「赚钱之人是一个恶人」的思想。这违反了健全的资本主义的精神。

那麽，最後会变得如何呢？

在破坏了那般资本主义的精神後，可是「国家政府需要用钱」，最後就会出现各式各样没有信用依据的「假钱」。

其实这是已经发生的事。现在已在市场中流通著比特币等虚拟货币，并且那般虚拟货币，现今正普及至国家层级，不断地被制造出来。我不知道这最终会变成怎样。

譬如，政府在制定法律之後，某间公司在虚拟空间所拥有的财产，一夕之间可能会全都消失。

又或者，像是最近香港发生的事，如果国家不想让报社有资金印刷报纸，利用法令冻结报社资产的话，那麼该报社就无法发薪水给员工，也没办法支付纸张费、墨水费，报社就在全世界众目睽睽之下被迫停刊。

当时，不仅由政府冻结了该报社的资产，银行也因为基於恐惧，将毫无关系的个人资产全部加以冻结。因此，金融与金融资产的信用，今後有极高的可能性会像海市蜃楼一样变成幻影。

若政府将如此作法与马克思主义相结合的话，政府的态度就有可能变成「不论要多少钱，掌权者都能以虚拟货币制造出来，所以人们存了多少钱、企业存了多少积蓄都没有意义」。

甚至於若如此掌权者还拥有军事力的话，那麼在某种意义上，爬虫类型外星人的原始时代，将会再次出现於现代。

共产主义的危险性③

「没有信仰」将产生地上的暴君

关於共产主义的危险之处，至今我提到了两点。一个是暴力革命的问题，第二点即是「共产主义否定『能带来良善循环的资本主义精神』，也否定『自由及勤勉努力之後的成果』，进而会破坏社会真正的发展、有信用的发展」。

此外，共产主义最大的问题莫过於「没有信仰」。

「没有信仰」，意味著人们不需要意识到神佛的眼光，所以在地上的掌权者，就变成了「活在世间的神」。不管此人心中抱持何种想法，也不论是否得到了人民真正的支持，拥有最大权力的人，就会变成地上的「神」。

以中国为例，古代的暴君都自称自己是神。

在这般人物的统治下，即使表面上建立了选举制度，国民也无法信任如此制度。

如果被他人知道，自己把票投给了反抗、反对现任掌权者的人的话，那麼此人就有可能会被灭除。在暴君的统治下，即会发生如此危险的事情。

6 现代的弥赛亚向人类讲述「现今，应做之事」

站在二一〇〇年的立场来思索，我们必须要保护香港与台湾

若将以上所述作为前提，现今出现了一股共产主义的潮流，试图将世界纳入一元化管理，中国处於那潮流的中心，北韩也做著相同的事。

对此，美国、英国、德国、法国、澳洲、台湾、加拿大等国家，为了阻止这股动向，表现出反对的态度。然而，各国的领导者都过於弱势，恐怕他们不会采取具体的行动，进而抱持绥靖政策，无法产生抑止的力量。

人口仅有二千万人左右的澳洲，虽然至今采取亲中的政策，但因为看穿了中国的野心，因而改变为反中的立场。对此，中国试图加以报复，对澳洲进口的货物均课以高额关税，但澳洲仍旧不对中国屈服。

现今，日本采取著像是蝙蝠的路线，也就是「既非鸟，也非兽」的暧昧态度。但是对於必须断然做出判断的事物，应该要明确地对外表示「这是善」、「这是恶」，或是做出「这必须要加以制止」的判断。

因此，如果站在二一〇〇年的立场来思索，现在我们必须要做的就是保护香港。如果全世界站在旁观者的立场，目睹香港被毁灭，任由中国对其宰割，在没有任何反作用力的状况下，让中国继续发展下去的话，这就代表人们错过了一次阻止中国的重要时机。

随後，中国第二步将会瞄准台湾。北京政府单方面对台湾说著「一国一制」（对外宣称「一国两制」），但台湾已形成了一个与中国全然不同的国家，中国却强要拿下台湾。对此，世界各国若仅是认为「让中国拿下台湾，比承担核战的风险还要来得好」、「只是台湾的香蕉、凤梨无法出口，这哪有什麽大不了的」，进而对台湾不闻不问的话，就有可能会发生像是在第二次世界大战中，希特勒一连接管好几个国家的情形。

此外，中国还声称菲律宾，或是日本的尖阁群岛、冲绳是「中国的核心利益」。并且，南沙群岛、西沙群岛也是「核心利益」，进而在那里的礁岩填海，建造人工岛，甚至打造军事基地，让其他国家无法插手。所以中国对尖阁、冲绳说著「这一带本来就是中国文化圈」，继而动手介入，也只是时间的问题。

为了抑止中国的如此行径，终究各国必须要改变想法才行。

新型冠状病毒是中国的生化武器，中国还可能再制造新的武器

二〇〇九年幸福实现党的创立，其实有著很大的历史性意义，但日本的媒体、政党、政治家、学者、文化人，以及从那些人接收讯息的大众，都抱持著「宗教和政治结合在一起是一种恶」的想法，进而选择维持现状，无视於我们的运动。这其实犯下了一个很大的罪。对此，作为第二次让日本人觉醒的方式，就像过去出现在品川近海的美国黑色军舰一样，现今幽浮陆续出现，试图让日本人觉醒。

不久之後，将会出现另一个危机。现今对此感到威胁的国家，正逐渐有所觉醒，各位必须知道，如果日本仍维持目前为止的态度的话，就会导致非常大的错误。

此外，虽然不知将来会如何记录在历史当中，但二〇一九年发生的COVID-19（新型冠状病毒感染症），至今让全世界出现了数亿人的感染者、数百万人的死者，并且感染状况还在持续扩大当中。对此，虽然幸福科学已屡次表示，这是中国所制造的生化武器，但这个观点尚未成为主流的想法。

如果各国对於病毒采取绥靖主义，认为「那也可能是自然发生的」并置之不理，那就必须要知道，中国可能会再度使用其他新的生化武器。

换言之，由於中国现阶段在核武数量中处於劣势，因此现在他们可能以其他方式展开了攻击。

不可袖手旁观，让正义灭亡

总而言之，我们不可袖手旁观，让正义灭亡。

为此，现代的弥赛亚应朝著这样的方向讲述话语，并且提出行动方针、资讯，让世界各国发起行动。

现今，新冠病毒正传播於世界各地，自由旅行到另一个国家变得困难，但人们必须要清楚地知道「现在正发生著什麼事」。

就像二十世纪後半各式各样的电影所描绘的，若是世界发生了核子战争，就会立即导致无法挽回的局面，但如果是使用了生物武器、化学武器，人们便没有办法那麼快就加以察觉。

因此，现在需要树立普世的价值观，并且基於终极的神佛的价值观的角度，重新检视各种学问、职业。

幸福实现党在经过了十几年的活动之後，仍未充分对政权有所影响，这对日本的政治来说，至少算是「第一次的败北」。假如已经预见未来的败北的话，现在有一些事情就必须要加以改变。

描绘出从地球神的角度所见之「人类的应有之姿」

至今我透过了各种形式，讲述了日本与世界的应有之姿。

当然，透过新闻、报纸等了解世间所发生的事情有其重要性，在某种程度上，透过智慧型手机等媒介汲取各种日常资讯也是无妨，不过，那其中应该没有太多大川隆法所发布的资讯。无论是电视、报纸、手机皆是如此。

因此，各位必须要将幸福科学所发布的终极、简短的「善恶的判断基准」、「事物该如何演变的指针」，传达至全世界各地。

我们必须要如此努力才行。

虽然这是古语，但这真的是「千里之行，始於足下」。

我们必须一步一步地往前走。

请不要轻言放弃。

要知道，不可维持现状。

要知道，我们不可仅止於「日本的一个宗教」，

我们更不是一间公司。

请不要对於「善的毁灭、恶的盛行」感到开心。

请不要认为只有世间之人创造出来的科学技术、法律制度、政治制度才是

尊贵的。

并且请各位知道，在康德之後，现代学问便采取著「非学问研究的对象，就不将其视为学问」的态度，进而将未知的领域、信仰的领域都非学问化，试图剥夺其公民权。

若是自由主义走得过於极端，人们将只会捍卫「世间的人权」，然而，各位必须描绘出从神的角度所见之「人类的应有之姿」。

即便是「小规模的战役」，若是具象徵性的意义，就该坚决奋战、获得胜利

看到《旧约圣经》中的所多玛与蛾摩拉的悲剧，人们应该要了解神不会原谅堕落的人类。对於那些增长恶势力、毁灭良善事物的存在，终究各位必须要像「大卫与歌利亚」中的大卫一样，仅仅以石头与绳子作为武器，击败三公尺高的巨人歌利亚。各位不可看到身形差异就感到害怕，应该为正义而战。

若三公尺高的巨人与牧羊少年对战，牧羊少年不可能有任何胜算。故事当中，歌利亚挑衅地说「若有任何人认为自己能够打赢我，就出来一决胜负」。

对此，牧羊少年是一个投石高手，他用石头击中了歌利亚的眼睛，击倒了这名巨人。如此事情，确实发生在现实当中。

如此微小的行为，其实是「守护了以色列」的「救世主的行为」。在那之後，人们将大卫当作是「伟大之王」。

因此，即便目标看似「渺小」，但若是那场战役具有象徵性的意义，取得此战役的胜利，即会为日後带来非常大的影响。与其试图获得全面性的胜利，不如去思考如何从象徵性的小规模战役取得胜利。

对此，请从世间的角度，重新思考应战的方式。

再者，对於地球上的人类无法完全解决之事，会有讯息从宇宙降下。对此要加以嘲笑很是简单，但希望各位将其作为「补充地球的弥赛亚的话语」之真理，传达给全世界人们，以及启蒙日本人。

我所描绘的未来，盼望在二一〇〇年的阶段，

「藉由英美的价值观、日本的价值观，

废除种族歧视，

并且不是仅透过军事力使人臣服，

而是创造出一种更接近神的想法，

藉此为政、创造经济、文化」的如此状态能一直持续，
对於抵抗如此动向的势力，
在能够加以抵抗之时，必须要彻底地予以抵抗。
当日本被他国占领，
或者是被他国用核武威胁，
此时日本人将失去信仰自由，
并且言论自由、出版自由也将消失。
学问自由、良心的自由也会被剥夺。
司法将变得没有意义，
因为从一开始就已知道「结论」。
近代人类所获得的智慧，

全都会化为乌有。
对於那股恶势力，必须要持续加以抵抗。

第3章

弥赛亚的教义

——改变为依据「神的话语」之价值观的战役

1 分辨神所拣选之「弥赛亚」的难度

本章章名是〈弥赛亚的教义〉，这是一个较为大胆的章名。

在本章当中，我不会以体系架构的方式阐述，而是想试著谈谈我现在的感受及想法，譬如「弥赛亚的教义到底应该为何、从现代到未来，世人需要认识何种想法」等等。

和以往不同的是，当今已经进到一个人们非常难以认同「弥赛亚之存在」的时代。或许弥赛亚一词对於日本人来说有点陌生，弥赛亚即是英文的「Messiah」，通常会被翻译为「救世主」，然而救世主一词难免给人一种

「弥赛亚的工作，即是从世间上的诸多不幸、灾难中拯救人们，并引领人们开创新的时代」的印象。

本来弥赛亚的意义的确也包含著如此面向，但从原意来说，其实是「於头顶受膏之人」的意思。是从哪里受膏呢？即是从神那里受膏，是神将膏油涂抹在此人头上。

在日本佛教界，亦有著「灌顶」一词。譬如为了传法的「传法灌顶」仪式，也就是用水清净头部。古代犹太人认为，被神涂抹膏油之人即是弥赛亚，从这层意义来说，无庸置疑地，弥赛亚就是「神所拣选之人」。

人们虽然不知神所拣选之人，会以何种身分、阶级、年龄、性别等等形式出现，但不论是结果上，或是在同一个时代当中，人们总是能够感受到「那个人就是神所拣选之人」。

但是，现今地球人口已逼近八十亿，即便民主主义制度广布於各处，却仍有一些国家采取极权主义。在如此情况下，从中找出「神所拣选之人」，对其抱持信仰，领受他所传递的「神的话语」，并在世间予以实现，如此过程实在是极其艰难。

这或许是因为现代人对於灵性存在及灵感等等，刻意保持著距离，所以与过去相比，人们的灵感可以说是少了一些。

此外，因应大量人口的出现，人们创造了诸多制度，所以「神所拣选之人」要突破那些制度，进而引导人类，并不是那麽容易。

弥赛亚的出现，大概都是地上发生巨大价值观的碰撞之时。人们无法分出「何者为善、何者为恶」，难以区别善恶之际，皆是十分艰困的时代。

如果多数人所抱持的见解或意见，已经获得了实现，那麽也就没有「神所拣选之人」现身的必要。

因此，弥赛亚出现之时，大多会讲述目前从未被讲述，或者仅有少数人支持的思想或想法来引导人们，并在社会中掀起巨大波浪，颠覆舆论及人类的价值观。所以弥赛亚大多是少数势力，在巨大的既有势力中，试图进行「价值观的挑战」。

他们通常会以少数人之一出现，并且对於既定的巨大权力，展开一场价值观上的战役。不得不说，从结果来看，弥赛亚在地上大多难以获得成功。

此外，现代的职业也分得越来越细，从事特定职业之人，身处压倒性优势的情形也越来越少，这让状况变得更加严峻。

因此，在这样的现代当中，人们难以判断「拯救世界之人」，到底会从何种职业当中出现。若是在古代，宗教家相对容易得到世间之人的理解，但现今，寺院的僧侶或教会的牧师、神父等等，要能够做出像是弥赛亚一般的贡献或影响，我想那有著相当困难之处。

在那样的宗教当中，通常存在著庞大的组织体系，有著金字塔般的阶级架构。在那当中，拥有特别的超能力之人，或是具备著能够治愈疾病的拯救力之人，或许能够从中脱颖而出。但在现代当中，仅靠那些超能力，终究还是难以被世人分辨为「神所拣选之人」。

2 从历史所见之弥赛亚与地上权力之间的「价值观之战」

单靠「话语」和「思想」，与拥有军队的掌权者对战的困难性

若人们只仰赖学校教育或媒体资讯，那麽在大部分的情况下，神所拣选之人就会被贴上「骗子」、「诈欺犯」的标签，进而被社会鄙视。反之，若是神所拣选之人被众多人们信仰、推崇，掌权者就会感受到威胁，进而利用警察或军队加以镇压。在现代中，掌权者会以机枪、战车、喷射战机展开攻击，在如此状况下，鲜少有领导者能够从中取胜。

世界的规模变得越来越大，现在与其说是以世界为单位，我想有许多弥赛亚是以一个国家为单位，抱持著使命诞生於世间。虽然过去有著像是甘地、马丁·路德·金恩等人物，透过非暴力、无抵抗的方式，获得一定的成果，但是那极为罕见。一般来说，若以非暴力、无抵抗的方式表示反抗，大多数都会被武装警察、军队镇压。也就是说，想要单靠「话语」和「思想」影响人心，并非那麼容易。

譬如，根据最近的灵性解读，一八五〇年代的中国清朝，发起太平天国之乱之人（洪秀全），最终也让五千万人牺牲。或许人们当时认为「救世主终於降临了」才决定跟随他，殊不知即便是在不久之後就会灭亡的清朝政府，终究是拥有著权力的政府，人们遭到了镇压，约有五千万人被杀害。

在中国的历史当中，以数千万人为单位牺牲的事件不胜枚举。汉武帝虽然留名於历史，但据说在他在位之时，人口少了一半。由此可见，持有军队的掌权者有著多大的势力。

并且，许多革命的背景都有著宗教思想，所以除了用武力镇压人民以外，政府还会倾向将有利於自己的思想、能够控制人民的思想，强压在民众身上。

譬如在秦始皇的时代，孔子的儒教遭到了迫害，但到了汉武帝的时代，即便政府采行儒教的想法，人口却还是减少了一半。那是因为当时粮食极度短缺，人民因此遭到了政府的杀害，也就是说，儒教对於政府来说是一种很方便的思想，能驯服国民，防止国民叛乱。

现今北京政府正做著相同的事。他们在全球各地设立孔子学院，虽然看似在推动中文教育，实际上却是希望藉此逐渐地洗脑世界各地的人们。现在人们对此有所警戒，世界各国正进行著各种调查，日本也针对导入了孔子学院的大学进行著调查。

就像这样，时下的政权为了防止叛乱，作为宗教的代替物，经常使用一些容易控制人民的思想。

日本的德川时代也是一样，为了防止叛乱，他们使用武力镇压了基督徒及岛原之乱。对政府来说，最重要的是在发生叛乱以前压制人民，因此至今的政府大多透过政治、经济系统、儒教思想，强行要求人民接受「对上要尽忠职守，要彻底理解主从关系」的想法。

所以就算是一个能够改善这世间的思想，有时候也可能被掌权者恶用。

况且，在现今的民主主义社会当中，媒体拥有著相当大的影响力。然而，即便媒体的数量很多，不论是报纸、电视、广播，以及最近大量出现的网路媒体，却不存在著一个明确的领导者。

这些「无名的媒体权力」能选择或忽略特定的声音。即使你想要将神的话语或意志，透过这些媒体或以个人为单位的自媒体传播出去，也未必能够有所收获。因为那些话语、意志能否扩散、撼动人心，取决於人们是否有著能够接收那些讯息的素养。很多时候，人们比较容易接受恶魔的思想。

若是恶用了制度，制度本身有时会变成支配国民的权力

从某些角度来看，唯物论科学等的确看似中立，对善恶两者都有其功效。不过，当人们过度以唯物论的想法思考，只从「物质」看待这个世界的话，就会迷失己心，最後世间就会充斥著对灵魂的问题不以为意的人们。

当然，有时多少需要唯物论的想法，以改变这个世间。譬如，过去曾经

出现粮食短缺、饥荒的时代，也有流行天花及鼠疫等各种疾病的时代。在那般状况下，若不改善卫生问题，好比下水道的维护、消毒，众多人们便可能会死去，所以不能够全然地否定唯物上的处置。该如何适切地采行唯物论，这部分的确有困难之处。

关於「为何会发生战争」的问题，中国的古典书籍当中曾有这样的描述：「人虽然会增加，但粮食并不会。因此人口若是增加了，势必会引起杀戮。为了争夺粮食，强者会击败弱者，藉此减少人口。这就是战争的起源。」

从某种意义来说，如此说法是正确的。观看过去二十世纪，不只是粮食，若是能源耗竭了，产业就无法再运作下去，进而经常发生战争。

最初，国家会面临「人口比例与粮食的问题」。接下来在下一个阶段，当一个国家变得越来越强势，终究和个人会有著欲望一样，国家也会出现欲望。

一个对於权力有著强大意志的人，终究会想要支配他人。

对此，汤玛斯·霍布斯（Thomas Hobbes）对於有著强大权利欲望的掌权者，比喻为「海上的利维坦」（Leviathan）、「陆上的比蒙巨兽」（Behemoth）。这些掌权者会像巨兽一样暴动，压制邻近国家及国内的人民，迫使人们服从。

就像这样，不论创建了何种制度，都可能为掌权者所恶用。

譬如，在过去的时代，政府能透过徵收税金，完全镇压国民。

盐巴就是一个例子。作为人们生活中的必需品，政府能主张「要不要对盐巴课税，是政府决定」、「到底要对盐巴课多少税呢」，进而藉此控制国民。

或者，政府也能对稻米课税，这是日本过去一直实行之事。譬如，丰臣秀吉推行了「太阁检地」的措施，政府以「石高制」的方式，依照每个国民的土地能收割的稻米量课税。

由此可见，针对生活必要的物资等，政府若完全掌控了其物流、价格、税额，即能实质上拥有支配国民的权力。

・新旧价值观之间的战役① 日本的宗教战争

此外，也经常发生「价值观上的战役」。

以日本为例，在过去也曾不断爆发宗教战争。

古代圣德太子的时期也是如此。当时人们之间出现了两派不同的价值观，一派是「人们应该尊崇日本自古以来的神明」，另一派则是认为「从印度，经由中国进入日本的佛教是高等宗教，所以必须将如此思想放在更高位」。为此，出现了苏我与物部两派的对战。

另外，鎌仓时代兴起了非常多的新宗教，在各宗派之间也发生了价值观冲突的战役。

譬如，日莲宗是在念佛宗之後兴起的宗教，而念佛宗是由法然、亲鸾等所创立的宗教。在念佛宗被创立之後，因为宫廷中的女官也信仰了念佛宗，於是法然等人遭受了政府的镇压，被流放到他处。

但是在日莲出现之後，因为已过了数十年的岁月，念佛宗已渗入民间。於是当後来出现的日莲开始批判念佛宗的时候，念佛宗便依靠了武士，反过来镇压日莲宗。

於是，日莲宗也为此武装，在寺院中准备了长刀、弓箭等武器。在一场知名的「小松原法难」当中，日莲宗的弟子们遭到了念佛宗武士们的攻击。不仅日莲自己在此战役中受伤了，有一些弟子也因此丢了性命。

除此之外，日莲曾对幕府预言「元寇将来袭」，并且劝谏「这是因为现今缺乏著正法，只要能确立正法，即能阻止来自外国的侵略」。结果他却被带到鎌仓的由比滨险些遭到斩首，甚至被流放到佐渡岛。

最终，元寇真的打来了，日莲这才被缓刑，隐居至身延山中。当时日莲宗的势力，终究没有扩展到日本全国。从当时的人口推算，信徒最多大概只有数百人的程度。

因此，与一个握有权力之人对战，实在难以取得胜利。即便对方不是握有权力，而是早先出现的既有势力，若是对此发表反对的思想，也时常会遭受到迫害。

・新旧价值观之间的战役②　对於基督教的不信任与镇压

耶稣・基督在世之时，由於他能号召数千人的民众并对其说法，人们认为他就是期待已久的弥赛亚。然而，从犹太人的语意来说，「弥赛亚」不能仅是宗教上的领导者，还必须是政治的指导者。换句话说，弥赛亚必须传递神的话语，与此同时，在神的权威之下，还必须能对抗他国的侵略、殖民地化。

在耶稣的时代，也有法利赛人及奋锐党等，将宗教与政治合为一体的宗派。从他们的角度来看，我想他们应该多少期待著耶稣能够煽动人民，并且推翻罗马政权。

不过，在耶稣的话语中有这麼一句话：「上帝的归上帝，凯撒的归凯撒。」也就是说，他用了二分法，对人们说「硬币上刻印的肖像是凯撒，所以人们应将那硬币缴纳给凯撒。上帝的归於上帝，地上皇帝的归皇帝」。这番话语使得人们感到失望，因为他们知道耶稣在世间的战斗中无法取得胜利。

当时耶稣对数千人的群众讲述这番话语之後，有一部分人们因为绝望而离开，圣经当中描写了这般景象。

比方说，现今在基督教的教会，人们会将面包撕成薄片食用，并且喝著葡萄酒。

耶稣做了一个比喻，他对弟子们说「面包是我的肉体、葡萄酒是我的血」、「吃了我的肉、喝了我的血的人便能得到救赎」，进而将面包撕下来分给人们，并且在「最後的晚餐」中也喝了葡萄酒。

据说，几千名信众在听到了这番话之後非常失望，因而离开了教团。这代表著他们听不懂那话语的意涵。

的确，那不是个非常高雅的比喻。毕竟他要人们「吃他的肉、喝他的血」，这就宛如吸血鬼德古拉伯爵在数千百年前所做的事，必然会令人感到反感。

若是仔细阅读了《圣经》就会知道，当时因为有众多人们无法了解其含意，继而离开了教团，最终留下来的仅有十二名弟子以及少数人士。

因此，耶稣不仅辜负了人们对他身为政治革命家的期待，在宗教思想方面也让人们感到失望。对当时的人们而言，神派来的弥赛亚，理应讲述更能广布於世间的教义，耶稣却一直讲述著，有如爬虫类型外星人一般的思想，实在难以理解。

此外，耶稣最後被钉上了十字架，但这十字架如今却成了基督教的象徵，这也实在有点难以置信。换作是日本，这就相当於将墓碑等形状的饰品挂在身上一般，基督教真的是一个相当颠倒错乱的宗教。

然而，耶稣本来就是以扭转这世间的价值观为目的，也因此基督教使用了相当多的象徵来呈现如此想法。

耶稣在世间仅传道了三年期间。

由於後世的弟子们当中，出现了能更能够广布如此思想的有力之人，渐渐地世间的价值观便有所颠覆。

後来基督教在罗马帝国也渐渐地广布，不过一开始基督徒是被当作坏人看待。因为一般来说，基督徒普遍对罗马抱持著怨恨，而且又是在地下进行著活动，所以罗马政府认为他们总是盘算著阴谋，只要发生了任何坏事，罗马政府都把矛头对向基督徒的身上。就像希特勒迫害犹太人，透过权力强迫人们的服从一样，当时罗马帝国的执政者也总是树敌并加以迫害。

譬如，尼禄皇帝执政期间发生了纵火事件，朝廷将此事怪罪在基督徒身上，对基督教进行了大规模的镇压。

然而，在经过了三百年之後，之前被镇压的基督徒，却反过来成为了压制他人的势力。这就是人类讽刺的命运，著实有困难之处。

如此问题其实就是出自於人类狭隘的认识力，并且人们对於眼所不见的事物无法判别真伪，无法判断何者来自於神、何者来自於恶魔。

耶稣自己也引发了奇迹，治愈了病人。对此，虽然有众多人们相信那是神的作为，但无论是哪个时代，终究还是有著不愿意相信的人们。

即便耶稣要求人们「不可对他人说我所做之事」、「不准对他人说，回到家中也不准说，亦不可对外人说」，终究人们还是忍不住对身旁之人说起，发生在自己身上的种种事迹。譬如，「本来是失明的，现在竟然能看得到」、「本来无法站立，现在却能够站起来」等等。这虽然是一种宣传，但是在那过程当中，不相信如此现象的人们、拥有既得利益者等等，开始称基督为「诈欺犯」、「骗子」，甚至有人声称「这是恶魔的力量」。

对此，基督反驳道：「为何撒旦要赶逐撒旦呢？」换句话说，他的意思是「若是撒旦驱赶了那些支配著人类，并附身在身上制造著疾病的恶灵，那岂不是自相纷争吗？就算是地狱界、恶魔的世界，那种行为也说不通吧」。不过，我认为如此说法还是缺乏足够的说服力。

如果世间之人受到了过多的灵性影响，将难以作为一个正常之人从事工作、经营家庭。也因此，神才会让人们处於一个既看不到，也听不到灵性存在的状态。

如果每一个人都能够看得到、听得到灵性存在的话，想必生活会过不下去吧！虽然世间有一些灵能者，或是灵感很强的人，但如果每天都在能感受到灵性存在的状态下，生活在城市、公司当中的话，想必是很难受的。如果要你跟一个一天到晚说著「现在眼前出现著幽灵」、「现在我听到了恶魔的声音」、「现在天使降临下来，说著话语」的人一起工作的话，想必会很伤脑筋吧！

那麽，教会对此的接受度是否会比较高呢？事实上，教会当中也有上下阶级，处於最高阶的罗马法王，若是有著能治愈疾病的力量，或许能被教会接受，因为那能够扩展教会的势力。然而，若是处於下方阶级之人能够治愈疾病或驱魔，对此若是给予好评，那般阶级制度、价值的金字塔就会颠覆，所以难以受到他人的认同。这也就是为什麽在宗教当中难以引发奇迹的原因。

历史当中的胜利者会葬送对立的价值观

有些事情，在历经了时代的变迁後，就能够清楚明白，然而也有诸多事物，会葬送於历史当中。

战争即是如此。战争的主因大多是「价值观的对立」，而多半历史是由胜利者书写，所以人们难以得知事实是否真的如此。

中国等国家有著「革命思想」。这是指，被天帝赋予了天命的天子，会被派送到这世间统治国家，但若是此人变成了恶王、恶帝，革命就会爆发，进而迎来下一代王朝。

中国的历史皆是如此，时间最长的王朝也只有大约四百多年。中国确实有著如此「革命思想」。

譬如，现今中国共产党的一党专政，即是充分利用了这般「天命思想」。他们藉由「天命」的思维支配著国民，并利用统计数据证明「国民生活确实获得了改善」，还装腔作势地对国民宣扬「被外国如此威胁的我国，如今已发展到这等地步」。

这其实就是继毛泽东之後，那些「终身制指导者」，为了成为把持权力的「现人神」所创造而出的制度。

对此，根据我的灵性解读，拥有那般权力的中国指导者，绝大部分都堕入了地狱。甚至於，虽然这有点难以启齿，但苏联革命之後的指导者，也有相当多人堕入了地狱。

据说，现今俄国制定了处罚批判政府之人的法律。这部份与北韩有些相似，只要有人批判了建国之人，就会受到处分。

在这种情况下，在判断「何为正确」之时，既有著「一般人所信仰的宗教所给予的价值观」的问题，亦有著「在现实世界中，究竟是谁给予了权力」的不同看法，还有著「民主主义受到了媒体非常大的影响」的情形，这些都让人们难以理解现代弥赛亚的模样。

3　现代当中让「弥赛亚的教义」出现混乱的势力

利用「反地球暖化的格蕾塔」的人们

前几天，我在电视上看到一个特辑节目，内容是制作单位贴身采访了一名十几岁的瑞典少女格蕾塔，过去一年所进行的活动，现在她应该是十八岁。这应该是日本的电视台买下了ＢＢＣ制作的节目。节目的焦点放在这名少女是如何让世界各地的指导者「陷入慌乱」的场面。

起初，身为高中生的格蕾塔开始罢课，不久，罢课一事在网路上扩散开来，之後世界各地开始出现了模仿其行为的学生。

她把「引起地球暖化的人们」视为敌人，她的论点是从「大人根本就是想要摧毁我们的未来」的观点出发。为了阻止地球暖化，她开始攻击那些抱持反对想法的政治家、商人、产业人士，并且主张「正义在於科学当中」、「这就是科学，你们要听科学的话」。

然而一个放弃学业的罢课之人，却拚命地主张著科学。对此，川普曾在总统任职期间，正面回击了格蕾塔，并劝告她「你应该回去上学，更努力学习才对」、「回去读高中、大学，好好地用功读书」。作为一个成年人，这的确是理所应当之事。

无论如何，她被人们视为一种象徵，经常被做为一种「象徵性的分析家」利用。

毕竟她是小孩又是女生，所以对於大人来说，多少有著难以抨击的一面。而且媒体就是喜欢这样的局面，他们的基本原则就是「将弱者描绘为强者，当此人变成了强者之後，就得将其击落」，所以格蕾塔的确有著吸引他们的一面。

正因如此，电视上的报导等等，都把这个反对地球暖化的少女，描绘成宛如是现代的圣女贞德或救世主一般。

我们也对此感到好奇，於是便进行了灵查，并将内容出版成册（参照幸福科学出版发行《减少二氧化碳排放量是否正确？－格蕾塔为何如此愤怒？－』》）。附身在格蕾塔身上的，首先是一名自称在大洪水当中幸存下来的「挪亚」。

不过，这和过去收录的「挪亚方舟」（参照幸福科学出版发行《「挪亚方舟」是否为真实事件？》）有著不同的一面。虽然此人自称挪亚，但感觉此人一直想要煽动末日现象的恐惧，後来才发现真实附身在她身上的，是俄国革命的主角之一列宁。

除此之外，我们还知道了在她的背後，有著中国的团体提供资金。综合来看，她的种种行径难免让人感觉到，「她被一股想要破坏西方先进国家繁荣的势力给利用了」。

事实上，因应气候暖化，为了不排放二氧化碳，产业正进行著转换，也出现了新的产业。但是对於世界经济、经济萧条、失业、粮食短缺的问题，格蕾塔她没有任何想法，毕竟她既不是政治家，对於经济、经营也一无所知。

川普在任时，他试图重振美国的铁锈地带，也就是那些「本来挖掘著石炭，却在途中停摆」、「本来制造著自动车，但如今已无生产」的区域。对於这些存在著众多贫穷白人的区域，川普试图加以复兴，重新为他们找回工作。

但在格蕾塔的眼中，做著这些事情的人们想必都是坏人。不过她需要知道，这个世界比她想像的还要来得复杂一点。

虽然有些科学家做了各种假设，譬如「若是地球的平均气温上升了摄氏两度或一点五度会发生什麼事」等等，进行了各种模拟计算。但这其实与那些日本及国外的感染症学家者，对政治插嘴、逼著政治家采取各种政策的状况一模一样。

他们只不过是从病毒学的角度说著意见，但对於其後果却无法承担责任。所以，若仅从「一个观点」、从一个「窥视孔」去看待问题，将无法看见事物的全貌。

因此，有时人们会被某些国外的势力利用，对此必须要加以留意才行。

人类亦需要足够的智慧，看穿「图谋恶事之国」的阴谋

此外，「因为气候暖化，地球会变得像是『挪亚方舟』一样沉没於水中」的说法，事实上是科学家对人们的一种「威胁」。根据他们所说的理论，二氧化碳的累积，使太阳的辐射停留在大气层内，让地球无法散发出这些热能。原本太阳辐射进入了大气层之後，它也会被反弹回大气层外，避免地球处於过热的状态。现今由於二氧化碳滞留在大气层中，於是太阳的辐射同样停留在二氧化碳当中。

透过实验的确能导出那样的原理，但还有著另一个观点。即便二氧化碳气层覆盖了地球上空，它反而能起到遮蔽太阳光照射地表的效果。若是从这一个观点思考，那麼便很难加以定论了。

除此之外，观看过去的地球历史，确实曾有过更加炎热的时代。四十六亿年前的地球，绝对是一个灼热的星球。那时，地球绝对是一个处在极度高温，流淌著岩浆的物体。之後，地球才开始慢慢地冷却。那些岩浆渐渐地成为了岩石，并形成了山、河川与海。并且在几亿年前，开始出现了生命。

我们也知道，其实早在恐龙还没出没在地上的时代，人类就已经存在。恐龙出没於地上的时代，是什麼样的时代呢？让那般体型巨大的恐龙能够在地上生活，也就意味著当时的地球想必是非常温暖，植物也非常茂盛。那个时候，除了存在著大型草食恐龙之外，也存在著大量将那些草食恐龙、大型动物等等，当成猎物的肉食型恐龙。

也就是说，在那个比现在还要更温暖的时代中，地上已确实存在著更为巨大的动物，人类也确实生活在那般时代当中。所谓的「暖化」，与其说这会导致人类的灭绝，倒不如说这能让人类、动物、植物，在地球环境中生存下去。因此，我并不觉得那是一个致命的问题。

如果没有一定程度的温暖化，生命就难以诞生，体型也难以变大。在温暖的海域中，比较容易养育大鱼，在寒冷的海域就难以办到了，植物也是如此。在积雪的地带无法务农，然而白雪融化之後，不但能种植农作物，动物的数量也会增加。

从整体来看，人类在漫长的历史中，不断重复著不同的经历。也因此，我们的未来不是藉由人类对温度预测会上升一点五度、二度、四度而决定。实际上，不同的因素正超越了温度起著作用。

作为一种对流现象，地下的地函当中也对流著岩浆，所以大陆的浮沉，其实也未必只与暖化有关，还有可能是地下的岩浆活动所引起。

据说在距今三亿三千万年前，阿尔法的时代当中，现今的非洲、欧洲、美国都连接在一起，此大陆名为「盘古大陆」。阿尔法降临的地方即是「盘古大陆」，所以那里既不是非洲、欧洲或亚洲。

如同「板块构造论」的解释，大陆板块开始慢慢地分离，但我想那和暖化无关。

如果在影像中尽是放著冰山溶解、北极熊快要溺水的模样的话，那麽就会让人们感觉北极都变成了那幅样貌。过去波斯湾战争、伊拉克战争的时候，人们也是用这样的操作手法。当时电视尽是播放著，海鸟因为沾染上伊拉克的原油，进而无法再继续活下去的模样。

在那之後，一名少女被怂恿在国会当中传达「目前当地状况非常严重」的话语，让人们情绪变得非常激昂。但在事後人们才知道，那名少女其实是科威特驻美大使的女儿。

经过许久之後人们才察觉到，是有人在背後刻意操纵著计画，进而才爆发了伊拉克战争。

即使日本人对於此类问题非常迟钝，但是不可忘记，世界上确实有人为了自己的国家，进而不断地策画著各种阴谋。

自从二〇一九年十二月左右开始爆发了新冠病毒疫情，至今已经约有四点一亿人感染、数百万人死亡。美国的感染者也超过了七千七百万人，印度则是超过了四千两百万人，巴西也是出现了差不多的病例。

此外，欧洲的主要国家、俄国等，现在也有超过一千万人的患者，东南亚的疫情也在蔓延当中（截至二〇二二年二月十五日）。

唯有中国说著，「因为一开始的防堵作为奏效，所以十四亿人口当中，我们将感染人数控制在十万人以内」。而根据北韩的发表，北韩的新冠感染者人数是零。虽然北韩没有出现感染者，但是据说因为疏忽於建立对抗疫情的对策，北韩政府肃清了几名高官。

那些数字实在让人感到不可思议，对於一个没有能够报导事实之媒体的国家、除了掌权者所决定的数字以外，其他都一律不得公开的国家，其他国家不可以太过於认真地与其交涉。

在某种意义上，「政治学之祖」的马基维利曾说过「世界并非尽是善良之人」，各位必须要撷取当中的智慧并加以思考。

各位必须意识到，世间或许存在著心存恶念、图谋恶事的国家，也可能存在著带有恶意的总统或首相。

4 现代所需之弥赛亚的教义

即便天上派遣弥赛亚至世间，也无法将思想渗进共产主义圈的难处

综上所述，总而言之，即便天上派遣弥赛亚至世间，任务也不会那麼容易就达成。

最近我们了解到披头四的约翰·蓝侬，似乎是耶稣·基督的分身。现今他正帮助本会进行音乐方面的制作，所以与我们之间的灵性关系非常深厚。

虽然当时披头四的音乐，广布於全世界上亿的人们，但观察他们最後的时期，状况又是如何呢？

一开始披头四相当流行，却因为过度流行，在球场等大型场地举办演唱会时，频频出现晕倒的观众，警察、救护车常常进出球场，搬运歌迷到医院。对此，约翰·蓝侬等成员感到非常难过。

他们感觉到「再这样下去，可能无法让歌迷享受音乐」，开始觉得乐团在球场举办演唱会，已然到达了极限。

过了几年时间，乐团便解散了。

之後，约翰·蓝侬与小野洋子结婚生子，做了五年的家庭主夫，专职在家抚养小孩。停止乐团活动五年之後，他决定以单飞的形式发行新专辑。

一九八〇年十二月八日，当他从达科他公寓出门时，遇到了一名粉丝，为了呼应粉丝的请求，他在粉丝所携带的黑胶唱片上签了名。

然而，当约翰录完了音乐，五个小时後再次回到家时，发现那名粉丝还徘徊在家门前。本来以为是粉丝的这个人却拿著手枪，对他开了五枪，其中有四发命中。此人也对他的妻子开了两枪，但似乎没有射中。

事後，询问犯人「为何要做这种事情」，此人回答「若是杀了约翰．蓝侬，自己的名字就能够留存於历史上」。

这实在是令人遗憾且悲痛，但这也告诉了我们，在美国这个枪枝国家中，即便像是约翰．蓝侬这样的人，就算天使张开了翅膀，也无法挡住子弹。

当时开枪的那个人是否被恶魔附了身，因为我还没有对其灵查过，所以不得而知。但在约翰过世大约一年半後，我曾去他当时被暗杀的地方看过，那时我不禁感觉到，在同一个时代中与他擦肩而过，错过了相遇的机会。

约翰・蓝侬在年轻时期，最初本来唱著身受女性欢迎的歌曲，博得了世间的人气。移居到了美国之後，他开始反对当时尼克森总统对北越的攻击，美军用烧夷弹杀害了大量农民，於是从那时候开始，他的摇滚音乐表现了那般反对精神。

譬如，他唱了「Power to the People」（还权於民），并且早在那个时代，他就知道「毛泽东革命以後的中国已偏离了正轨」。

由於当时他为美国轰炸越南一事谴责了美国政府，因此遭到了驱逐出境。他在那个时候，不仅反对美国轰炸越南，也似乎感觉「毛泽东革命以後的中国不太对劲」。

因此，他认为如果能在天安门广场进行演唱会，或许中国就会有所改变，或者是，如果能在苏联（现・俄国）的红场演唱，世间状况就会有所改变。然而，那些共产主义的国家，一律禁止了披头四的入境。因为那些国家不知道披头四的思想为何，所以不让他们入境。即便他想要入境，却不得其门而入。在那背後有著不为人知的战役。

此外，关於那些批判毛泽东的歌曲，虽然他希望能将其收录於唱片的A面，但似乎受到了政治上的压力，最後只能将其收录於B面。看到那般政治的意图，所以或许在背後有著想要让他消失的人们。

然而，这实在令人感到悲痛。在现代当中，即使是约翰・蓝侬也只能做到那般程度的工作，据说是琐罗亚斯德的分身之一的洪秀全，也在太平天国之乱当中，与五千万人一起被杀害。

此外，香港的社运人士也接连被逮捕，或是感受到自身的安危。不需动用军队，光是出动警察就能逮捕、拷问他们。当那些提倡香港民主的社运人士，被以「从事反政府运动」之名逮捕时，就会被脱下衣物拍下照片，之後被套上布袋，移送至北京。

中国之所以要让人们经历如此耻辱，原因在於他们希望藉此让人们像是实验室的白老鼠一样，因为惧怕被电击，进而出现一种「条件反射」，不再抵抗。中国的「拷问文化」依旧存在。

此外，维吾尔自治区的维吾尔人，或是与中国政府对立的「法轮功」的人们，似乎在被逮捕之後，被当成器官移植的提供对象。在此我不说有多少人被杀害，不过如此问题确实存在。

在中国，每年处於脑死状态，能够提供器官移植的人只有数千人，所以供应量应该有限，但目前在中国却流通著大量的器官，据说只要说「现在需要某某器官」，有时甚至不出十分钟就能获得。

人们推测那些器官来自於死囚，或是在异民族的自治区中遭到逮捕的人们、像法轮功等被政府镇压的宗教中所逮捕的人们。他们在「透过医学救助他人」的美名下，被剥夺了器官。

对此，除非联合国的军队进入中国境内，否则如此问题实在无计可施。请各位务必认识到，现代正发生著这种事情。

此外，也希望各位知道，中国在东突厥斯坦、维吾尔等地，建立了众多核弹实验场，过去进行了多次的地下试爆、地上试爆、空中试爆，因为核弹试爆而死去的维吾尔人已达数十万人之多。

因为如此核弹试爆而死亡的人数，比在广岛、长崎死去的人还要多。世间就是有著隐瞒如此情事的国家。

在价值观错综复杂的此刻，为了改变未来，弥赛亚的应说之事

·针对独裁、极权主义体制之国以及民主、自由之国

现在，我们还处於能够改变未来的时间点上。

若是不讲述得单纯一点，人们就无法理解我想要表达的内容，所以现今我以单纯的方式讲述。如果有一个独裁、极权主义体制的国家打压著国民，即便八成以上的人想要表达反对意见，却不敢出声，甚至这个国家还制造著核武，试图侵略他国的话，那麼那些能反映众人意见的西方世界国家，就必须去阻拦那般会遮盖未来天空的乌云。

此外，即便是民主主义国家，对於那般会致使自己堕落、衰退的事物，也必须抱持著一定程度的律己之心。

在自由主义当中，亦存在著会让人们堕落的事物，所以对此必须要有所留意。因为恶魔会让人恶用了自由进而堕落，所以有著西方价值观的人们，必须要能够律己，并且对社会、他人的幸福抱持著责任感。

也因此，即便教会对各位说著「我们信仰著基督教」，但实际上，必须要将那信仰具体反映在世间当中才行。

·针对伊斯兰教圈

对於伊斯兰教圈，也有其问题所在。虽然他们认为那眼所不见的阿拉，是唯一的真神，并且也多少平等地对待著人们，但是在那教义当中，其实存在著「贫困」的想法，以及合理化「社会无法获得发展、繁荣」的思想。因此，我认为每一个人终究必须透过自身的努力开拓前程，并且努力打造更发展、繁荣的社会。

就算是相信宗教之人，对於那已经变得过於形骸化的事物，换句话说，就是对於那些只剩下「形式」的事物，各位必须在那「宗教的壳中」注入灵魂才行。并且试著站在神佛的角度，思考应该如何正确地发展科学技术、如何将其用於军事目的、如何运用太空技术。

就这层意义上来说，若是从历史来看，弥赛亚能完成的任务，已经变得非常有限。

・针对法治国家的制度

此外，根据幸福科学的灵性解读，为黑人争取平权的南非总统曼德拉，似乎是摩西的灵魂兄弟之一（参照幸福科学出版发行《尼尔逊・曼德拉　最後的讯息》）。

即便是曼德拉，他也在监狱中度过了二十七年的岁月，实在是非常艰辛。最後他能够出狱并且成为总统，我想是因为当时世间的潮流有所变化，不过从天上界的计画来看，想必那像是「走钢索」一般惊险。曼德拉真的能否成为总统，进而解放黑人，我想当时天上界实在是难以预测。

这样的南非，如今亦处於新冠疫情，贫困问题也不断加剧，购物中心经常被人们袭击，治安处於不稳定的状况。

若是一个国家因为贫困，进而发生暴动，警察、军队出面处理的话，通常军事政权便会趁势崛起。泰国也是如此，军事政权引发了政变，并持续执政当中。缅甸亦是如此。

就像这样，当政治家无法於国外树敌，就会运用军事力，镇压那些在国内造反的人民。如此的人权镇压，出现在众多国家当中。

譬如，缅甸先前进行了宪法的修正。在日本要修改宪法相当不容易，但在缅甸，宪法却被轻易地更改，他们禁止了「与外国人结婚之人成为总统」、「与外国人之间拥有外籍孩子之人成为总统」。

如此私人之事都被纳入宪法当中，实在令人难以置信，但在现实中，这般事情确实在军事政权下发生了。

也就是说，即使是一个有「法律」的法治国家，也不尽然全部正确。即便有著「议会」，但如果议会当中都是唯命是从的人，那就和只有一个独裁者的状况没什麽两样。所以仅仅维护著制度也无济於事，终究那是内容的问题、灵魂的问题。

・针对新闻报导、网路社会

民主主义之所以能被肯定，是因为「人们对於神佛抱持著信仰心，并且基於每个人都有著能判断善恶的良心，进而举行多数决，藉此让良善事物胜利、恶性事物被驱逐」，新闻报导也应当如此。

如果记者凭著良心撰写文章，或许有时难免会犯错，但长远来看，我想良善的媒体人士会逐渐占多数，进而改变政治与经济。并且，我认为媒体人的使命，即是击落那些被恶魔所附身的掌权者。

然而，就算媒体人不是利用枪炮，而是透过文章作为媒介，不过很遗憾的是，他们往往会因商业主义挂帅，为了利益进而抨击任何事物，有时甚至侵犯人权。

此外，现在网路到处流窜著可信度低落的资讯。人们还会基於嫉妒之心，去攻击那些受到瞩目的人们。

也因此，网路社会未必是一个「自由」与「民主主义」的社会。它有一种能让人恶意造谣、肆意传递八卦资讯的一面。

在弥赛亚的教义之下，打造坚固的「区分善恶的价值观体系」

总的来说，各位必须打造坚固的「区分善恶的价值观体系」，为此，各位就必须在世间传递「宗教性的原理」、「宗教性的主流思想」才行。

我个人的主要工作，也是在这变动的时代当中，判断何者为善、何者为恶，并将其告知人们。两三千年前神佛的思想，已经无法解决现代所有的问题。所以，「对於现代的事物，从被称为神佛之人们的想法来看，何为正确、何为错误」，对此终究必须抱持著勇气讲述才行，即便有可能会遭受迫害，或是遭到他国的威胁。

譬如，中国若想占领台湾，试图帮助台湾的国家会发生什麼事呢？中国对日本发布了一个影片，影片描述著「如果日本想插手帮助台湾，中国就会对日本的都市发射核武」。可是日本不可因此就坐视不管，千万不可放任那般邪恶行径。

此外，英国派出了航空母舰，并在二〇二一年九月，陆续停靠在日本的五座港口。虽然英国曾连续好几天，接连出现五万人感染新冠病毒的病例，在那即便打了疫苗，疫情仍持续蔓延的状态下，他们仍旧派遣航空母舰与其他军舰到地球的另一端。一九九七年香港回归时，中国向英国保证「将维持香港五十年自由主义的制度」，但在二十几年之後，其承诺就完全破裂。所以对於违背国际约定的北京政府，世界各国予以纠弹、抗议，终究是符合正义的。

日本政府对於这些事情则是避免表态，一心只关心著经济利益。如果日本政府，或是黏在政府背後的公明党、创价学会等，还在为自己对日中恢复邦交做出贡献感到自豪，进而没有意识到正发生了什麽变化，不采取任何政治行动的话，那麽就不得不说，他们正犯下了恶行。

日本必须要根据国力，发表自身意见才行。

此外，几乎可以肯定新冠病毒是源自於武汉实验室，但奇怪的是，在其他国家有数亿人感染的情况下，原产地却没有任何扩散。从客观来说，这终究是某个国家与全世界为敌，制造著混乱与屠杀。若是人们没有看透这一点的话，就必须要对第二次、第三次灾难做好准备。

我们必须要变得更加坚强才行。

在此之前，我们必须要将更高度的价值观，降至地上并加以广布，提供并教导人们思考的食粮。

各位必须开展思想战、言论战。在此之前，各位必须为信仰而战，须知神与恶魔正进行著对战。

我不认为日本人持续对世界的事物无动於衷是一件好事。

以上即是本章内容。

第4章

地球之心

——为人类带来灵性觉醒的「香巴拉」

1 关於名为「香巴拉」的地球之秘密

在本章中，我将以灵性或精神性的教义为中心，进行论述。本章的章名为〈地球之心〉，也可说是「香巴拉之心」，我打算几年後以这个主题创作电影。作为地球的「灵性中心」，有一个被称为香巴拉（Shambhala）的地方。地理位置大概是在珠穆朗玛峰附近地下的某处，入口则是在印度或尼泊尔附近。

在交通不发达的时代，人们难以亲自前往该处，而许多大师们，则是进行了灵性意义上在香巴拉的修行。虽然有些人前往了印度或者喜马拉雅附近，进行著类似瑜伽的修行，但那些无法前去之人，有时则会在睡眠中灵魂出窍，进而前去修行。

在地球上，如果说有人是具备「弥赛亚的资格」或「救世主的资格」的话，大概此人曾在香巴拉进行过灵性训练。当然，具有弥赛亚资格的人凤毛麟角，很多修行者尚未达到那般水准，但是已经达到各个领域的大师或导师（Guru）层级的人，就会被赋予在灵性上前往香巴拉进行修行的机会。但这并不是此人想去就能去，而是受到邀请之後，此人才能前去参加训练。

受到邀请之人的专业背景或职业领域，则是各式各样。要完成最终的修行，大多需要灵性的觉醒，故以宗教家所占的比例为最大。除了宗教家以外，也有音乐家、画家、小说家、发明家，政治家，企业家等，甚至在某些时代，还有国王或将军。香巴拉是为了给人们带来某种灵性觉醒而存在，但极少之人能前往那里。

曾在香巴拉修行过之人，虽然仍处於成为救世主之前的阶段，又或许只是限定於某个地域或宗派，但通常此人会作为某个宗派的教祖，或是某个团体的大师，从事著引导人们的工作。

以前在亚特兰提斯、姆大陆、雷姆利亚大陆上面，也曾有过那样的精神中心，但是当那些大陆沉入海中之後，那些地方精神性的部分，就集中到现今的香巴拉。

其实，邻国「中国」，现今是一个以唯物论科学为中心的国家，并在这个世间兴起了一场巨大的战争，香巴拉正面临著前所未有的危机。

如果三次元世界都充满著完全不相信灵性世界的人们的话，那就麻烦了。所以我们才试图进行地球全体的意识改革，亦有很多人致力於将灵性文化、精神文明广布於全世界。

在日本作家当中，现今与我在灵性上有所交流，或是在工作上给予帮助的，有芥川龙之介、川端康成等人。这些人们会进出於香巴拉，所以我认为他们获得了众多灵性、精神性的灵感。日本的神明当中，也有一部分的神明进出於香巴拉。

假如人们活在这地上世界的时间变长，住惯了这个世间的话，就会产生即使灵性世界不存在也无所谓的想法，进而就会有越来越多的人觉得，只要能住在这个世界就好。因此，人们尽是会对以肉体、物质为中心的世界感兴趣。

如今科技发展迅速，机械文明将迎来过去一万年间，发展程度最高的时代，然而，其中却潜藏著让人感到迷惘的诱因。相对於在过著稍微原始一点的生活阶段时，人们关注的重点是如何获得食物，而在部落之间战争频繁的时代，人们关注的则是如何停止部落之间的战争、如何才能创造和平。

时代不同，人们关注的焦点也不同，如今的时代，经济的快速发展，对灵性文明的建设能有多少贡献，成了一个问题。假如经济的发展将人们引导至唯物论方向的话，那麼执著於这个世间的人就会增加，不得不说这是一个问题。

这个世间是三次元世界，在靠近这个世间地表的地方，存在著名为四次元的具有磁场的灵界。很多人在死了之後，必须要回到灵界之时，灵魂无法跨越这四次元的领域，反覆地转生轮回於四次元与这个世间之间。

动物灵几乎都是如此，但现在有很多人对於世间抱有执著和迷恋，认为「这个世间才是自己的归宿、老家」，这些人离世之後回到灵界，就会觉得「自己想要的事物什麼也得不到、什麼也做不到，好想快点回世间」。抱持如此想法的人越来越多，不得不说，这与现在地球上的人口增加有关。

此外，地球当中也有许多来自其他银河系的人们，有些人是为了在地球上累积灵性、精神方面的修行经验，或是为了在香巴拉进行修行而来到地球。

不过，也有相反的情形。为了累积灵性修行的经验，有人会从地球前往其他星球。根据每个人不同的灵魂倾向性，若是有人在地球的灵性修行告一段落，必须要累积不同种类的修行经验的话，此人就会前往银河当中其他能够修行的星球，在那里接受大师的指导，继续累积修行。

就这层意义上来说，香巴拉是地球的灵性中心，有一部分来自宇宙的人们，以为了在地球进行修行而来到这里。

只不过，香巴拉像是被一层神秘的面纱包覆著，大多数的秘密都不被外人知。直到近年一八〇〇年代以後，一部分「香巴拉的秘密」才以「神智学」的形式流传开来。

因为现今世间逐渐近代化，物质科学文明有所发展，所以讲述香巴拉秘密之人会经常遭受迫害，并且被当作诈欺、骗子之类，进而被世人疏远、唾弃。另一方面，那般思想悄悄地成为了世界各地不同宗教的底流。虽然活在这个世间就如同浮萍一般，但香巴拉的秘密，让宗教像是浮萍向水下长出根系，并且在水底的泥土里扎根的重要关键。

2 成为弥赛亚的秘仪传授

弥赛亚透过「香巴拉的修行」，彻底领悟灵性世界的真实

秘仪传授（Initiation），是想要成为弥赛亚之人的必经之路，若不经历这个过程，就无法成为真正的弥赛亚。

为了成为弥赛亚的秘仪传授，或者说，在成为弥赛亚之前的阶段，众多大师必须学习秘仪。那麼这个秘仪传授究竟是什麼呢？

终究就是此人必须进行为了参透到「灵性世界、精神世界才是灵魂的根据

地，而灵魂的修行，换句话说就是灵魂的中枢部分—心的修行，才是人类作为高等动物，住在地球上的理由」之修行。

如果在这个世间进行那般修行，会是什麼样的形式呢？举例来说，就像印度的释迦所进行的苦行那样，有人不吃谷物进行断食修行，也有人会挑战「难以办到」的各种艰难修行。时至今日，在日本也有人进行山岳修行、瀑布修行，挑战各式各样不同的修行。只不过由於不是为了成为奥运选手，所以其行为本身并没有什麼尊贵之处。主要的目的是透过那般修行，相较於肉体上的感觉，更加增强灵性感觉。

关於断食修行等等，虽然伴随著危险性，但如果是已经成型的方法，并且在好的指导者之下进行，那麼在这个世间，还是有可能做得到的。

此外，进行断食修行时，必定会出现灵体游离出肉体的时期。届时，就会出现灵性的自觉。

但是，这时还会经历一某种「魔境」。当灵体从肉体游离出来，此人开始认识到自己是作为一个灵性存在时，魔境就必定会出现，各种诱惑也会接踵而来。这些前来诱惑之人，即便本来是灵界的生物或存在，但变成了灵魂之後，却仍旧认为「这个世间就是自己的根据地」的存在，并且试图让其他人们也是那麼认为。

当这些具有魔性的人们出现时，就会用世间的诱惑引人上钩。「食、性、眠」，也就是食欲、性欲与睡眠欲，这三种是以肉身存在的人类，最具有根本代表性的欲望，而这些欲望就会让那些魔性存在，从中作祟的机会。

动物灵几乎无法从欲望的世界中逃脱出来，但即使是动物灵，也有具备著某种超能力的动物，到处被人们像是神明一般地供奉。

譬如，有些动物灵可以帮人们实现现世利益的愿望，因而在各处被人们建造神社供奉著。

五谷丰登、顺利结婚、子孙繁荣，诸如此类的愿望都是现世利益，祈求能获得这般利益，在日本就有著所谓的稻荷信仰。

另外，如果要追求情欲方面的成就，不仅有稻荷、狐狸，还有一部分的蛇灵能帮助人成就愿望，因为它们都有著极强的执著心。然而，当那般愿望无法成就时，那种力量有时就会以诅咒杀死对方的咒力表现出来。有时因为恐惧，那反而会让男女结合在一起。

这些动物灵的化身虽然带有著魔性，但它们原本都是人类灵。有很多人活在世间之时，抱持著某种强烈欲望，在死去之後，即以那般欲望之姿停留在四次元世界当中。从四次元世界反覆转生到这个世界上，一般称之为「欲界转生」。

只不过，从「欲界转生」的人们当中，有时会出现力量强大之人。这样的人，有时候会成为地狱界当中的魔王或恶魔。还有另一种人，就是在里侧世界中，掌握了特殊能力并且自以为自己是神，用著特有的能力，让他人信仰自己，从客观来说，这些人会使他人陷入迷惑。

就像这样，在这个世间想要变得更有灵性，进而进行修行时，届时一定会出现诱惑，遭逢艰难的局面。其结果，此人将会被测试「对於自己是灵性存在的事实，自己能确信到何种程度」。

在香巴拉进行到达宇宙觉悟的灵性觉醒修行

然而，对於在灵性上於香巴拉反覆进行过长时间修行的人来说，能够在相对早期的阶段，就获得了「灵性觉醒」。

虽然有著各式各样的修行，但在进行修行的过程中，有的人能听到灵的声音，或者是看见灵，也有的人多少会出现一些「特殊能力」。但是，那并非与此人的觉悟境界有著直接关系，只是作为觉悟的旁证，也就是一种可以佐证的道具，那般灵性现象本身并非觉悟。

对於自己是灵性生命的事实，终究自己能掌握到何种程度才是关键。因此，即便自己肉体存在这个地上，你仍必须要持续追求你在灵界之时想要追求的精神态度、修行、觉悟之心。在这个努力的过程中，你的灵魂在世间即会得到磨练。

所以若是用别的话语来形容，对於在这世间持有著肉体，若不吃食物就无法活下去的人们来说，从某种意义上来说，活在这世间，就像是参加「障碍赛跑」一样。如果变得灵性，那些稍微努力就可以轻易跨越的东西，在这个世间，却是一种「障碍物」。

譬如，对於人来说，从这一家到另一家，或者从这个房间到那个房间，凡是有墙隔开的地方，你就无法未经许可、不打招呼地从里面穿过去。但是当你变成灵性存在时，就算眼前有一幢房子，你都可以穿越过去，房间的门即使不打开，你也可以穿墙而过。

尽管人们活在如此「不可思议的世界」里，但对於活在其中的人们揭晓这一切，人们就会变得灵性吗？

如果一下子就能变得灵性的话，从某种意义上来说，人们就没必要出生在这个世间，只要一直待在灵界就好了。

灵界当中不会发生像是地上的交通事故，人们都是灵体，以为快要撞在一起的时候，两者会互相穿透过去。

此外，在灵界，建筑物以千姿百态的形式存在，不过灵都可以穿过它们，就连山也是可以加以穿越。

比方说前面有一座山，即便以为「这麼一直飞过去就会撞上」，但其实根本不会撞上。山会在眼前裂开，出现一条可以穿过的道路。落入湖中，以为「糟糕，要淹死了」，但是不会发生那种事。你会经历一个没有氧气，也不会窒息的不可思议的体验。

所以，古代不可思议的故事当中，其实混入相当多类似那般灵性世界的体验。

此外，根据同样的道理，对於那些成为灵性生命体，超越地球灵界的人来说，即使宇宙当中没有氧气，也能飞到那般没有氧气的宇宙空间中，到达没有食物和氧气的其他星球，与那里存在於灵界当中的人们进行交流。

世人一般认为在地球上没有超过光速的速度，使用光速来测量星球彼此的距离，有「几光年」、「几百光年」等各种说法。以光的速度花一年时间前进的距离就叫做一光年，从太阳系的行星，到另一个星系当中有著人类型生命体的行星，至少有著四光年的距离。以光的速度，最少要花上四年。

然而，如果是用灵速的话又会如何呢？

灵速是没有上限的。根据此人所具备的「灵性能力」与「觉悟力量」，灵性速度会有所不同。因此，有人能以光速行动，也有人只能用音速，如果认识力的水准再低一点的话，也有人只能用地球人走路或奔跑的速度移动。

各位偶尔看到的小火球或人魂之类的东西，忽上忽下地飘著空中，速度和小孩子走路的速度差不多。这般水准的人魂，如果能达到与脚踏车差不多的速度的话，那就算是跑得很快了。

就像这样，灵性意识越觉醒，越是了解到灵魂的自由自在，就越能改变形状，还能够改变移动速度。有时候还能做到瞬间移动。

譬如，假使距离地球四光年的某个行星上，住著其他人类型外星人，要前往该地，如果是灵性大师，或者是觉醒程度更高等级的灵性大导师的话，几乎能以瞬间移动的方式，只要想一下那目的地，就能抵达那里。

那麽，若是想前往更遥远的银河的话，就会变得如何呢？

想要前往更遥远的银行，从一个群体灵魂分离而出的单一灵魂，难以轻易地只身前往遥远的银河。届时，必须要以灵团方式移动，也就是自己的灵魂的集团合成为一个光球，再以光球之姿，从这个银河移动到另一个银河。

移动速度亦是各有不同，有人要花上几年，也有人要花费几日，或者是几个小时。此外，如果能达到超高速，看起来那几乎就是瞬间移动。依照能力的高低，就会产生速度的差异。若是感觉到难以前往遥远的彼方，此时就必须招集独立而出的灵魂，一起成团移动，此为基本的方式。

除此之外，独立而出的灵魂，在前往其他宇宙，或者是前往其他行星体验时，一般来说，大多会跟随著一位更高一段的指导灵给以引导。若是没有跟著指导灵，此人经常会在宇宙当中旁徨，变成流浪之人。因为此人会变得「不知道现在自己身处於宇宙何处」。因此，必须要有那般高级灵予以引导。

虽然有著那般自由自在的宇宙觉悟，但若是把话题转回地球上，现今，为了成为「觉悟之人」而进行修行之地，就是被称之为香巴拉的地方。

「爱尔康大灵」是创造出具备救世主资格的香巴拉之主

就这个世间而言，中国作为一个信仰唯物论科学的国家，对周边的国家构成了威胁，不论是印度，还是圣母峰的周边，中国都意图染指。对此，希望各位能认识到，现今有一股非常大的力量，正积极地想要加以保护。不久之後，将会发生众多事件，让人们看清「灵界与地上界，究竟哪个才是真正的世界」。

地球的香巴拉之主、最高领导者，是「爱尔康大灵」并未显现在地上的那个部分。那就是香巴拉之主。

关於这个问题的秘密还有很多，虽然现在仍无法全部揭晓，但释尊在尼泊尔与印度的国境附近出生，并且在尼泊尔和印度传布佛教的时候，几乎就可以确定香巴拉就是地球的灵性中心。

在那之前，还曾经存在著几个灵性据点。

譬如，埃及等地在很长一段时间里肩负著灵性中心的职责。埃及也曾作为修行之地，但在大约两千年前，托勒密王朝灭亡之後，作为灵性中心的埃及，就变得相当衰弱。虽然现在那里仍有著灵性领域，却已十分微弱，已变成是过去的文明。

以耶路撒冷为中心的时期也曾短暂存在过，但是时至今日，其力量也逐渐式微。

在那更早之前，底格里斯河一带曾孕育出许多文明，那里也曾出现过许多具有救世主资格的人们，而如今，一切如各位所见，那里并非是处於先进国家的状态，周遭地带也变得沙漠化，作为「灵性中心」的位阶，已变得非常衰落。因此，那里虽然还有著让民族神级别的人进行修行的地方，但作为地球等级的修行之地来说，就已失去了莫大力量。

欧洲也曾经有过一段繁盛的时期。大概在一万年前，打从奥丁神在以北欧为中心受到尊崇的时代，一直到凯尔特文明实质灭亡的时代为止，那段时间是北欧作为灵性中心的时期。希腊也曾有一段时期是欧洲的灵性中心。随著地上文明的变迁，灵性磁场也会改变。

现今，从这世间的角度来看，位於圣母峰地下的部分，即是香巴拉的所在地。因为地上文明的变迁与这些灵性中心有著连动关系，所以幸福科学才会对於地上的国际政治经济动向、战争等方面发表著意见。

过去亚特兰提斯曾有一个高度的文明，在那里也有一个灵性中心，但尽管如此，当亚特兰提斯文明本身被摧毁之时，在那里的神明也就失去了存在之处，只能转生到其他地方。

此外，穆大陆沉没的时候，也发生了同样的情况。位於印度洋上，印度与非洲之间的雷姆利亚文明沉没的时候，也是一样的情形。

现今非洲在过去曾经非常繁荣，也曾经是灵性中心，但遗憾的是文明的中心已转移到其他地方去，现在在灵性上已不具多大的吸引力。

香巴拉与觉者①——「年轻时期耶稣・基督」的修行之旅

在幸福科学的书中有提到，耶稣・基督在世之时，曾经前往香巴拉修行

（參照幸福科学出版发行《黄金之法》、宗教法人幸福科学发行《「黄金之法」讲义①》）。

耶稣・基督作为宗教家崭露头角，大概是三十岁的时候，据说他讲道传教了三年之後，三十三岁左右时被钉在了十字架上，人们相传「在他三十三年的生涯当中，有十七年行踪成谜」。也就是说，人们不知道他在三十岁之前究竟做了些什麼。

可以确定的是，他曾有一段时间去过埃及。在埃及向神官进行了学习，此外，他还在埃及的大图书馆，学习过去亚特兰提斯文明流传下来的文献等。当时佛教已经传布至埃及，也就是耶稣生活的那个时代的埃及，在埃及还有佛教的寺庙。耶稣在佛教的寺庙中，认识到「在印度那里，存在著更高阶段的灵性磁场，并且还有那般宗教」。於是他旅行至西印度，学习了过去佛教的一部分知识，还学习了一部分瑜伽知识。

香巴拉与觉者②
——「约翰·蓝侬」的灵性觉醒与寻找香巴拉而消失的「老子」

与此形同的情况，也发生在约翰·蓝侬身上。

「约翰·蓝侬是耶稣的分身」，这是幸福科学首先提出的说法，披头四乐队的主唱约翰·蓝侬，最近也经常现身於幸福科学，对音乐进行指导。

约翰·蓝侬在英国出生，他从利物浦到英国全国、德国等地进行音乐活动。在那过程中，他的人生发生了变化。也就是说，他为了成为「灵性大导师」，变得必须不断累积修行。

於是，蓝依与最初结婚的妻子离婚，坐上了火车前往印度。之後，他短暂进行了瑜伽修行，并在印度受到了某种灵性冲击。

在那之後，与日本女性大野洋子结婚的约翰·蓝依，和之前的约翰·蓝依开始变得有点不一样。

因为东方的宗教秘仪加诸其身，约翰·蓝依与其他披头四成员渐行渐远。我想他当时觉醒於他自己原本的使命。

他在世间之时，无法完成其使命，只是作为先驱，显现出其中一部分。但现今於灵性上，他又开始了展开工作。

所以，请各位要认识到，耶稣去过印度，约翰·蓝依也去过印度，他们都在那里获得了某种觉醒。

此外，据说中国的老子西出中国的函谷关之後，就消失在沙漠里。但我想在那之後，他其实是朝著香巴拉而去，现今他也是将香巴拉当作主要的住所。

香巴拉与觉者③

——「牛顿」、「爱因斯坦」等数理系大师以及灵性大导师的存在

除此之外，在过去其他文明当中，尚有许多不知名的觉者，同样获得了那般灵性觉醒。因为那些名字或者是那些事迹未被流传下来，所以各位几乎没有办法知道那些人们的存在。然而，他们确实真实存在。

譬如，被称为近代科学始祖的牛顿，他确立了牛顿力学。

在世间当中，牛顿曾担任过造币局的局长。而在私底下，他是某种意义上的灵性大导师，拚命地研究神秘事物。

此外，现在的共济会，据说有著地下组织。这个共济会背後的创立者，或者是说第一代会长，是一位大导师，其实也就是牛顿本人。

所以说，对外作为物理学方面的功绩，牛顿提出了「牛顿力学」，「苹果之所以会从树上掉下来，是因为引力在起著作用」。他从此处开始，奠定了各种古典力学、物理学的基础，也就是说，牛顿公开了神的一部分秘密。

此外，因为一百多年前爱因斯坦的出现，而产生了超越牛顿力学的新现代物理学。然而，一百多年前出现的爱因斯坦物理学，在现代人的眼里，依然是非常困难，存在著众多难以理解的部分。

这般数理系的大师或灵性大导师，也存在於香巴拉。

牛顿有一个不为人知的名字，叫做「库特・霍米」（Koot Hoomi），这位库特・霍米长久身处於香巴拉当中，掌管与地球相关的科学技术类的发展，从事著启示人们的工作。

除此之外，还有众多各位所不知道的大师，在必要之时，他们就会出现。

如果各位能够再进一步，从肉体的束缚中脱离而出，开始追求灵性方面觉醒的话，那些人们就有可能作为指导灵而出现。

然而，当人们沉溺於尘世的现世利益，无法克服六大烦恼，或者是有很多人将世间的戒律，看作是「压抑行动」、「压抑自我实现的欲望」，认为那是非常不自由、不合理、没有道理可言的话，人们就不会被授予打开另一个世界大门的钥匙。

如果在这个初级阶段止步不前的话，那麽十分遗憾，想要进入那个「奥义的世界」是极为困难的。

香巴拉与觉者④——赐予香巴拉力量的海尔梅斯与奥菲尔利斯

此外，作为爱尔康大灵灵魂兄弟的一员，海尔梅斯（Hermes）在地上活跃之时，负责了「政治、经济、军事、贸易经济方面的工作」，另外据说海尔梅斯作为冥界与此世的桥梁，还负责了引导与通讯的工作。在海尔梅斯的职责当中，还有一部分是赋予香巴拉力量。

在奥林匹斯十二神的时代，以奥林匹斯为中心的时候，当地还有著巨大的灵性磁场时，海尔梅斯曾活跃於该处，但在释尊出生之後，海尔梅斯就变得经常出入香巴拉。

另外，比海尔梅斯更早的时代，爱尔康大灵灵魂兄弟当中被称为「奥菲尔利斯」（Ophealis）或「欧西里斯」（Osiris），曾降临在埃及。虽然谣传他死後「成为了冥界的冥王」，但他在世之时，在埃及长久从事了传授灵界秘仪的工作。在埃及衰退之时，他现在也来到了香巴拉。

香巴拉与觉者⑤——在香巴拉获得灵性觉醒的耶稣的「确信」

还有很多其他觉者。

譬如，像是基督教等，除了广布於现世当中基督教教会的工作之外，如果阅读《圣经》当中耶稣所说的话语，各位就会发现其中有著极度与此世脱离的灵性内容。

就像那样，讲述著与世间价值观相差了一百八十度的耶稣话语，这就是在香巴拉获得灵性觉醒之人、接受了秘仪传授之人特有话语，仅用这世间的常识来看，必定有著许多无法彻底理解之处。

在他的话言与行动之中，与这世间倒错之处非常之多，因此也有很多基督徒无法加以理解。

譬如，圣经当中的一段话「就是对这座山说『移开，投到海里去』，也必成就」，这在这个世间当中难以理解。

但是在灵界当中，成为那般的「灵性大导师」之後，就真的会具有让灵界的山脉崩裂的力量，也可以创造出山脉来。灵界当中有著各种不可思议的事物。既有著风景，也有建筑物，还有人住在那里，但是大导师具有著将这些事物，从根本加以改变的力量。

此外，对於耶稣甘愿背上十字架，做出眼看会丢掉性命的行为，有人认为那是「他在世俗当中不够聪明」、「活下去的意志薄弱」、「试图活下去的智慧不足」，但这其实是灵性觉醒的问题。

对於那些，百分之百确信灵魂的存在，百分之百相信心是灵魂的中心，对於控制己心有著百分之百自信的人来说，灵性生活才是最重要的，这个世间仅是附加的装饰罢了。

这些内容，已经是弟子们无法理解的另一个世界，终究，大师有著与众不同之处。

香巴拉与觉者⑤
——累积了灵界体验的「苏格拉底」与「柏拉图」

不只是耶稣，还有其他人也会做出看似轻视世间生命的愚蠢行为，但在这些人们当中，应该有人在日常生活当中，掌握到了「灵性的自己」。

譬如，苏格拉底就是一例。

苏格拉底自己就是灵能者，他向人们讲述了灵界的轮回转生。

苏格拉底讲述的轮回转生，成为了希腊哲学的根本，若是那个哲学持流传至现在的话，轮回转生的思想就一定会进入西方世界。但由於後世的学者们和哲学家们，完全不能理解苏格拉底所说的，所以才都不相信他说的那部分内容。

苏格拉底曾说过转生至灵界之事，也说过动物灵界与人类灵界之间的轮回转生是可能发生的。

譬如，他曾写过「在世之时，有著『勇气』之德者，有时会转生成狮子的样子」、「在世之时，坚持想要维持『己身清白』，并想要表现如此想法之人，有时会转生为天鹅」。但有很多人只把这看作为单纯的比喻、借喻、传说故事。

很可惜，人们将此当作传说故事。二十世纪以後的哲学，成为了符号学，或者是与数学相结合。

非常遗憾，不得不说如此一来，人们无法解明生命的秘密。

苏格拉底及其弟子柏拉图，终究是灵能者，并且是累积了灵界体验之人。

3 如何找回「香巴拉之心」

动摇那些近代以後，不承认灵性的大众与学问

在现代这个非常艰难的时代里，人们受到物质文明与世俗教育的影响相当严重。为了向人们揭晓灵界的秘密，譬如，就算是神把像是荣格一样的人，派遣到这个世间，荣格派的心理学却和唯物论的医学互相连结，其结果，人们变得有点分不清，灵界的存在究竟是真是假。

心理学者倾向於将梦及灵界作为某种象徵，所以那样子的心理学者，不一

定相信灵界的存在。

然而，「与相信灵界存在的各种宗教家相比，心理学者更了解人的大脑和心」，如此误解蔓延於世间当中，於是处於下方之人，反而取代了上方之人。那般学问体系，也是现今必须要加以修正的。

在近代哲学界当中，还有一位笛卡尔。读了笛卡尔写的书就会明白，他也是一位灵能者。实际上他是一位极具灵性之人，可以得到灵示，也常常能看到灵，也能够让灵魂出窍。

但是，人们只用表面的文字去理解笛卡尔的哲学，好比人们用著极为理性、合理的方式去解读他的《谈谈方法》。

此外，康德出现在德国，他对灵界其实是很感兴趣的，但是他自己并没有积累充分的灵性经验，并且由於他生活在产业革命的时代中，所以对「近代的理性」十分关切。「理性」的思考方法，在某种意义上，导致人们透过训练大脑，追求「合理性」、「逻辑性」的思维模式。

然而，这本身与「觉悟」并无关系。觉悟是凌驾於其上的，处於其下的，不是形而上，而是形而下的「世间物质」或「技术」等。譬如，「因为气候暖化，所以冰层融化」、「地球的温度在上升」、「因为二氧化碳的排放量增加，所以才变成那样」，如此想法的根源，其实就是康德的理性主义。简单来说，因为不考虑「灵性事物」、「灵界事物」，所以就出现了「唯有用这世间的逻辑能说得通的事物才是正确」的思维模式。

因此，比方说，在现代当中，假如想要取得「博士学位」，若是不讲求理性与合理性的话，那就会拿不到学位。所以对於灵性、灵感那方面的事物，人们倾向於不予以承认。

所以，像爱迪生那样靠灵感活著的人，作为一个发明家、作为一个独特的天才生活於世间，那倒是没什麼大碍。但如果像是爱迪生那样的人，想要去现代的一流大学取得博士学位的话，那肯定是会被搞到崩溃的。

因此，并非只有在这个世间，对每个人都能解释明白的道理才尊贵。现代文明的基本构造，是在六次元学者的头脑能理解、能说明的范畴中，所出现的各式各样原理所建构出来的。问题就在於七次元以上的原理，并没有被充分采纳於其中。

相对於此的神智学的概念，或者是「神秘主义」等，这些事物虽然有时会被人们有所揶揄，但我认为，终究必须要用这些灵性事物，去撼动人们的固有观念。

如同先前所述，德国的康德也并非没有信仰心，但是他重视人的头脑的思想，因此削弱了神「对於这个世间的统治力量」。并且，他排除了无法作为学问加以研究的事物，进而将焦点放在可以加以解释、思索的学问领域。

所以，他并没有否定性灵性事物。

此外，与康德同一时代还有一位名叫史威登堡（Swedenborg）的超能力者、灵能者。他把自己经历过的许多灵性体验都记录下来，譬如「自己灵视到在同一时间於远处发生的火灾样貌」、「连续几天以假死状态，前往灵界旅行，并写下了灵界探访录」、「每个人都有著命运的卷轴、笔记」。康德对那些事物很感兴趣，并且曾经加以阅读。

但是，他的想法是「对於那些自己无法经验、无法体验、无法进行实验的事物，自己是无法涉足於其中的」。我认为，正是这般抑制性的思考方式，为近代学问设下了极限。

对此，现今大川隆法正透过端出多元的思考方式，试图建立新的学问体系我试著将现今最多只到六次元水准的学问体系，拓展至九次元之上的水准。

透过两个革命，保护受到中国威胁的地球灵性中心地香巴拉

我希望各位了解到，现今有一个名为「香巴拉」的灵性觉醒之地。

万一，地上的文明再次出现兴衰，香巴拉无法再作为灵性的修行之地的话，届时就必须在地球上另外打造灵性的中心地。虽然或许此时此刻没有人考虑到这一点，但这是一件非常重要的事。

在中国传说故事中，陶渊明所说的「桃花源」就是香巴拉的入口，当时的中国，还具有浓厚的灵性氛围。儒教、道教、佛教等宗教有著很强的影响

力，在灵性方面也有著重要意义。但如今中国却变成了「丧失了灵性意义的大国」，通往香巴拉之路似乎快要被关闭了。

关於桃花源，传说「人们为了躲避秦始皇的暴政，发现了山中的秘境并移居於此，花了几个世纪的时间建筑为乌托邦世界」。这也就是说，从秦始皇时代到三国时代，桃花源都是存在的」。

若是从各位已知的地方来说，洞庭湖出现了一位名为洞庭湖娘娘的女神（参照台湾幸福科学出版发行《大中华帝国崩坏的序曲》），离洞庭湖那里不太远的地方，其实就曾经是桃花源的入口。但是现在已经无从寻觅了。

所以，中国正做著许多破坏灵性的活动，对此，现今才会出现了各式各样的天变地异，以便加以对抗。

中国这片广大的土地，若是完全失去灵性磁场的话，终究是难以忍受的，对此必须要做些什麽才行。此外，因为儒家思想较少讲述灵性思想，所以儒教之祖的孔子，遭到中国的恶意利用。这种情况与近代康德「否定灵界的思想」被恶意利用的情况是一样的。

在儒教当中，有「天」的思想。儒教认为有「天帝」的存在，基於其教义，「道德」、「有德之人」得以治理世间。

但是，儒教忽略灵性层面，进而长期以来被为政者滥用，将教义尽是用於「控制人民」、「维持秩序、安定」。如今孔子的状态也岌岌可危，儒教也濒临灭亡边缘。这告诉我们，作为宗教，不能太过於现实。

因此，各位正同时推动著「世间革命」与「灵性革命」，希望各位能对「香巴拉的思想」能有所认识。

还存在著众多「秘密的世界」

我在前文中说过「牛顿是共济会第一代的大导师」。然而，共济会的源流其实可以追溯到比牛顿更早的时期。文艺复兴时期，以义大利为中心，「玫瑰十字会」曾相当盛行。那就是共济会的源流，并且当时盛行的是「海尔梅斯思想」。

关於海尔梅斯・崔斯墨图（Hermes Trismegistus），人们研究他出生於至少距今三千年以前的古埃及。他的教义引导了後世炼金术的发展，为近现代化学奠定了基础。

海尔梅斯思想流传至牛顿，而牛顿的共济会，又将世界各地不同的人们串连起来，过去有些曾做过总统或首相之人，都与共济会有一些渊源。

此外，过去在日本以长崎的哥拉巴园为中心展开活动的坂本龙马，也被认为是日本共济会的一员。也有传言说，共济会有一部分的资金流向了日本。

然而，虽说共济会现今依旧存在，但影响力已大不如前。我认为现在活跃於世人面前的宗教，其力量反而比较强大。

尽管有教会制度等的存在，但若是教会变得太过於世俗，变得以政治为导向的话，就又会出现像是共济会一般秘密结社的组织。

希望各位知道还有众多这般「秘密的世界」，并非所有秘密盒子的盖子都被掀开了。

作为《弥赛亚之法》的其中一章，我阐述了「地球之心」，这也就是「香巴拉之心」。若是各位的觉悟有所提升，届时我会再教导更高度的内容。

第5章

弥赛亚的爱

——在灵魂修行之地「地球」的爱的应有之姿

1 从「世间的机制」来思考弥赛亚存在的理由

即使是伟大的灵魂，在这一世也得从零开始

本章的主题非常罕见也有点难度，题目是「弥赛亚之爱」，虽不知能将内容讲述到何种程度，但我想透过人类的话语尽可能地讲述。

之所以会有弥赛亚的存在，其实这与「世间的机制」有所关连。

人出生至这个世间之前，是作为一个灵，或者说是作为一个魂，生活在被称为「灵界」的实在界当中。比较快的人，经过几年或几十年就会转生，但一

般大多是过了几百年才转生。而那些「身负重任之人」，则是仅一千年、两千年、三千年才会转生一次。

因此，离开这个世间之後去的灵性世界，也就是被称为「实在界」的世界，才是真实的世界，转生时有著一定的规则。转生於世间之际，会从父母那里获得肉身。虽然婴儿的体重，有著三千公克或四千公克的差异，不过在这个小小的肉体当中，却寄宿著灵魂。转生之时，有一条地球的规则，那就是「要暂时忘掉前世之事」。

若非如此，就会有人说出「自己的前世，是出生在邻村的某某某，当时我的父母亲是这样那样的人，我是几岁时生病死的，这次又转生下来了」。在印度等地，虽然罕见，但有时会看到此类报导。

听起来这好像也不全然是件坏事，可是转生到世间之後，若前世的双亲还健在，此人就有可能分不清谁才是自己的父母，往来於两个家庭之间，在自我认同上出现了混淆。因此为了增加在这个世间的学习收获量，才会让每一个人暂时归零。

也因此，就变成了「每一个灵魂都是从普通的小婴儿出生，对将来充满了未知」、「在世间生活几十年，逐渐了解自己是谁，并且领悟到自己该何去何从」，进而让每一个人能够累积经验。

从这层意义上来说，出现某种程度上的失败，也是很合理的。

「在前世有过巨大成功之人，若是带著那样的智慧出生，那麽此人在世间就会遭遇较少的失败吧」，虽然人们有时会有这样的想法，但是人转生到世间之後，都得忘掉前世之事。一岁之前，想发出声音都很吃力，甚至连「爸爸、妈妈」都叫不出来。有些孩子能够爬行，有些孩子则是连爬都不会，有些孩子则是很晚才学会走路。此外，在上小学之前，有些孩子不知道该如何学习，也听不懂别人的话。每一个孩子都在各种不同的条件下成长、接受教育。

然而，作为现代的特徵，什麽样的灵魂到底会出生在哪里，则是完全不得而知。而且，全世界几乎已没有阶级制社会，所以「即便是一个伟大的灵魂，也必须出生在各种地方，从零开始努力」，像这样的「实验」是可能的。与过去不同，现代能从事任何职业，或者根据不同的学习方式，可以前往各种学校，或者是任职於各种公司，从事各式各样的事情。

虽说如此，阶级制社会也并非完全不具合理性。譬如，某一个灵魂抱持著「生於世间时，希望从事某种职业」的想法时，若是出生在从事那般职业的家庭，自然就比较容易继承该职业。其中最具代表性的，就是生为政治家家庭的第二代，有的人会成为第二代政治家，又或者是成为第三代。虽然这样的人并不多，但是生於政治世家，的确成为政治家的机会比较大。

此外，也有一些家庭文化，让此人容易从事那样的职业。即便如此，有些人还是无法从事自己希望的职业。

日本到江户时代为止，如果是出生在医生世家，就必须要继承家业从医。但是在现代，就算是生在农民之家、商人之家，或者普通上班族家庭，也可以透过学习考进医学系，只要考过了国家的医生证照考试，就可以成为医生。

除此之外，也有人因为父亲或母亲犯罪，因而让家人吃尽苦头，於是便下定决心，一定要从事与父母亲完全相反的职业。因此，有些人想成为捍卫法律的警察，有些人则想成为法官、检察官、律师，或者是有人想成为能帮助他人的医生或护士。

也因此，即使家庭出了问题，但问题家庭出身的人不一定会变坏，也有人会去追求完全相反的事物，这个世间也准备了那样的「选项」。

各个不同时代、地域的贫穷事例

正因为现代是一个非常方便的时代，就出生在其他时代的人们来看，或许是一个非常令人羡慕的时代。

从这层意义上来说，有很多灵魂都希望出生在现代。这些灵魂想要看一看「世间究竟发生了怎样的变化」，希望前来累积经验。

虽是如此，「世间的便利」也让人们容易忘记灵界才是实在界，才是灵魂本来的居所，这也就是困难之处。

・二十几年前印度的乞丐与赤脚孩童

长期处在物资匮乏的贫穷状态，光是要活下去就很困难，有时必须要乞讨才能活下去。

虽然现今印度稍微富裕了一些，但我初次去印度旅行时曾前往鹿野苑，也就是释尊开悟之後，向最初的五名弟子进行说法的地方。

那时，我看到了失去了一只胳膊或一条腿的孩子，一瘸一拐地朝我走来，嘴上说著「请给我钱吧」。

我问导游：「他们是天生残障吗？」导游说：「他们必须有饭吃才能活下去，所以他们的父母出於爱，就砍去了他们的一只胳膊或一条腿，如此一来，人们就会心生怜悯，心想『这样肯定无法工作』，若孩子这时再说一句『行行好，给点钱吧』，人们就会掏钱出来。有些孩子就是这样才变成残障的。」世上竟然还有这种形式的爱，令我感到吃惊。当地的父母故意使孩子变成残疾，这样才能得到他人的恩惠活下来。

我想现在情况应该有所改变，但我第一次去印度是二十多年接近三十年前，农家的孩子没有鞋子都赤脚走路，并在稻田里工作。那时，旁边有一条道路正在舖设柏油，我看到有一名少女赤脚走在那还没完全凝固的热柏油路面，心想「该不会连拖鞋都买不起吧」。

通常农家生孩子的理由，就是希望能够有帮手干农活。从孩子还小的时候，差不多小学、国中的年纪，就可以帮忙干活了。孩子越多，人手也就越多。基於这个原因，我曾听过「有一半孩子没办法去上学」。我希望现在的情况有比当时好一点。

因此有些时候，人为了生於这个世间、为了养家糊口，必须要经历各式各样的辛劳。但随著社会的发展，人们开始享受丰富的食物，在先进国家，百分之十到二十左右的食物，还没被食用就被丢掉了。

我想现在全世界大约有八亿到十亿的饥饿人口，如果把那些丢掉的食物集中起来，就能够让这些人吃饱。现在世界上正不断发生著一边丢弃食物，另一边却有人吃不到食物而被饿死的情况。

此外，在贫困地区，一种原始的经济形式正盛行著，也就是人们透过偷窃、抢劫、杀人来谋取财物。或者是像过去一样，女性用自己的肉体来换取金钱。当然，先进国家也有同样的情况。

·看著报纸的现代日本流浪汉

现今日本有著各种的灾害，可说是大瘟疫的新冠疫情也正流行著。尽管如此，在我们可见之处，日本几乎看不到有人在乞讨。

我以前看到的乞讨者，那也不是最近而是很久以前了，是在新宿御苑的入口前，有两、三个躺在铺在地面的纸箱上睡觉的人。只是不知他们是真的贫穷，还是喜欢过著嬉皮风格的生活。

而且，据说在那些流浪汉当中，有人患有糖尿病，或者是在涵洞下方看著报纸，如此样貌让其他先进国家的人们感到吃惊。日本人的识字率非常高，因为日本的义务教育一直到国中，所以每个人都是识字的。但是，还有很多国家存在著许多不识字人口。如果没接受过适切的教育，就无法看懂报纸。

也就是说，日本的流浪汉不用乞讨，也可以得到剩菜剩饭。他们可以从便利商店拿到超过贩售期限而遭到丢弃的食物，也可以从餐厅等得到食物。而且，如果拥有可以阅读报纸的能力，那就意味著此人能在其他地方工作。

即使至今仍有一定人数的失业者，但他们能得到政府的福利金也有著积蓄，或者还能拿到各种补助，所以不至於得去乞讨金钱或食物。在某种意义上，这也算是社会的一种进化。

「世间是灵魂修行之地，人生是一本习题」之真相

虽然我经常对共产主义进行批判，但是即使共产主义受到世界这麼多的批判，在过去一百多年以来，共产主义仍广布於一定的人数。就算是被称为反对阵营的自由主义阵营，有时若是不采取一些共产主义政策的话，就有可能会失去选票。

所谓「共产主义政策」，即是指社会福利。即使不能将人们的财产公有，

完全实现平等，但是作为共产主义的替代方案，先进国家会从高收入者和财产比较多的人那里，以各种名目课徵税金，之後再发给那些生活困难的人们，使财富平均化。这意味著先进国家在政策上，正采取著类似共产主义的作法。

只不过，资讯是否正确，每个国家的状况各有不同。在军事政权的地方，为了达成统治目的，人们难以透过自由的经济行为带来繁荣，因此普遍存在著贫困与疾病。

但是我必须要强调，如同我之前所述，这个世间终究仅是一个灵魂修行之地。无论贫穷还是富有，无论是否握有权力，这个世间终究是作为灵魂修行之地而存在，身在其中的你被赋予了一本习题，看你要如何解题。

生於承平时期的人，或许可以享受难得的幸福。如果生在战争时代，无论愿不愿意，都必须要在枪林弹雨中，为了生存拚死战斗或奋力逃命。

此外，现代的战争会出现核武、炸弹、导弹，那不会仅是杀死特定之人，而是在不知不觉之间，一整座城市都被消灭。待人们回过神时，自己在世间的生命已经结束。

如此时代的变迁，让人们在世间有著各种不同的生活方式。

2 人类的灵魂经验中不可忽视之事

以自我为中心、独占欲强的人，有时会变成「不如动物」的存在

然而，人终究必须在各种文明、文化中，或者是在战争与和平或中间时期，累积各种灵魂经验。我希望各位能从中学习到，「无论在任何环境下，都要去探究作为一个有著灵魂之人，应该如何生活」。换句话说，就是「千万不可忽视自己的灵性」、「不可迷失了那个有著灵性人格的自己」。

一旦变得富裕，就有可能会迷失。有了太多的金钱、富裕、权力，就很

容易变得迷失。但就算是贫穷，如果让你陷入物质主义的话，你也会变得认为「物质就是一切」。

当你的生活陷入最低水平时，确保食物就会变得很重要，进而你的生活方式就会变得很动物化，每天尽是想著要如何才能获得食物。动物会想著如何才有东西吃，或是怎麼样才不会被吃掉。对动物来说，最糟糕的就是被吃掉或是被杀，因此他们只满足於如何才能填饱肚子，这是动物世界中的常态。

在这当中，动物们也下了各种功夫。有的动物身上会长出作为武器的东西，有些动物会长出獠牙或尖角，就像是刺蝟背上长满了刺。有些动物还能潜水、飞行、飞奔。为了保护自己，或者是为了活下去，他们都被赋予了某种特徵。

而对於人类来说，在确保自己能在世间生存之时，让自己避免度过像是动物一般的生活就变得很重要。

所谓「像动物一般的生活」，那即是我经常教导各位的「不可自私、不可以自我为中心」。这是为什麼呢？因为不管是动物或是人，自然地就会变得「自私」。当你出生之後，你就自然地会变得自私。想要获得食物、想要珍惜自己的性命、宁愿别人死也不能自己死、不希望与人分享食物、想要有家、想要好工作，想要各式各样的东西。

这些都无可厚非，因为人的本能使然。人类处於动物属性的延长线上，不知不觉就会变成那样。

然而，有时候人会不如动物。

如果是动物的话，即使是肉食性动物，只要它填饱肚子，就一定不会再贪吃。狮子在狩猎时，会成群袭击羚羊或斑马并吃掉它们，一旦吃饱了，就不会再狩猎。所以，就算是草食性动物在狮子睡觉的地方奔跑，也不会被吃掉，因为它们知道狮子吃饱之後就不会再狩猎。当狮子吃饱之後，大约可以四天左右不进食。

然而，人类却没这麽容易满足，有时候人的「欲望」会进一步增强。人会想要储存更多食物，或者储存可以买到食物的金钱或东西。如果那些东西数量有限时，人就会兴起想要独占的想法，或者是出现由自己亲近之人全部垄断的念头。

有一些老板，为了能获得更多的客源，就会出现「最好其他店面都倒闭，客人都到我这里光顾就好」的想法。又或者是，当人们创业之後，当然希望规模能够越来越大，但有些公司在发展壮大之际，不惜牺牲其他公司的利益。一间大公司的出现，却让其他公司都倒闭了。有些公司会故意引发产品短缺，藉此哄抬价格，以谋取巨额利润。

从职业选择所见之现代高等教育的问题点

在现代，流行的职业以外商居多，到国外留学，学了经营管理和金融知识回来的人当中，许多人不会去从事商品销售或提供服务等普通的工作。他们会买下某些弱势企业，之後进行裁员并抬高公司股价，一年之後再卖掉这间公司。这就是所谓的并购（M&A），并购其他公司之後抬高股价，然後再卖掉获利。现在有人从事著这种行业，现今被认为头脑比较聪明的人，似乎会倾向於做这样的工作。

也因此，大学填志愿的顺位也和以往不同，发生了一些变化。

在过去，人们认为「从东京大学法学系毕业进入了公职，之後就能出人头地」，所以法学系的人气一直居高不下。如今则变成了「如果从经济系毕业，将来在外商的收入比较高」，所以经济系变得很受欢迎。尽管如此，如同前文所述，很多人不是透过正当的买卖赚钱，而是透过操纵虚拟的数字，利用价差来获利。许多头脑很好的人都走这条路。

利用数学赚钱，这与以物易物的原始人比起来，实在是进步太多了，但我认为，其中存在著非天国般的事物。

有人创业的目的，是想透过几十年的努力，为社会做出贡献，世人用著自己公司的产品，让世界变得更丰富、便利。也有人创业的目的，是为他人提供服务，让人们的生活更方便、轻松。然而，也有人不以造福社会为目的，只是单纯地从利益出发。当我听说头脑聪明的人都跑去做那类之事时，我不禁担心

「这真的没问题吗？」

此外，还有人觉得自己的头脑很聪明，所以去念医学系。

的确，无论哪一所大学的医学系，每年招生名额也只有一百人左右，全日本的医学系学生的总数，也不会超过一万人。如果是为了保护医生这个职业，那麽把人数控制在这个数量也没什麽问题，但有些人是因为头脑聪明才去念医学系，在那其中有不少人其实并不适合当医生。

也就是说，如果是出自於「想挽救他人的生命」、「想治疗病人」等想法，因为自己的亲友当中有人因疾病或事故去世而决定学医，或者是看到身边的受伤之人或自己被医生拯救，进而兴起「想要治病救人」的想法的话，这些都是菩萨之心。但如果是因为成绩很好，所以想进名校医学系，或是想要证明自己很聪明，进而学医的话，那麽这些人和先前所提到的靠收购公司赚钱的人，或许有著相似之处。

由於这一行的收入很高，或者因为进这行业很难，所以才选择进这行的话，或许这与该职业原本的使命是相违背的。

我经常思索，究竟什麼是「头脑聪明」。如果说头脑和人工智慧越接近就越聪明的话，那麼人最终就可能变得像机器一样。此外，透过人工所完成的工作，当然比较会容易出错，一旦用精密的机械作业，出错率就大幅降低了，进而会导致人们认为机器比人还要来得伟大。

的确，从完成这世间工作的这一层面来说，精密机械确实很方便，但也因此出现了逐渐丧失人心的倾向。当人类逐渐接近人工智慧，或者是逐渐成为像是电脑等机器的附属品那样的话，很多人就会对自己的心有所迷失。

当我与高学历的人对谈，我发现他们当中有人拥有非常多的专业知识和技术，让我觉得他们就像机器一样。不过有时会让我想问「这些人的心都去了哪里呢」。

现今日本的教育体系已经忽视了人心，有很多东西学校都不传授。即便在那些有著信仰，把宗教作为国教的国家当中，有些国家越是到高等教育，就越是重视传授世间的知识或技术，与心有关的内容则是都不传授。

在一部著名的电影当中，有著这样的情节。

一名学生选修了哲学课，上第一堂课的时候，教授跟学生说：「每个人都写下『神已死』，不写的人就没有资格上这门课。」这是来自美国的故事。

之所以这位教授会如此要求，是因为他认为如果学生不否定神的存在，就无法理解他的哲学课内容。不过有一位有著信仰的学生加以拒绝，说著「我写不出来」。於是教授便警告他：「这样你就会不及格，若是你的成绩不够好，就会影响未来就业。」後来，他的女朋友还跟他分手了。对他来说，这是一个能否坚持信仰的考验。我记得我曾看过这麼一部电影。

很遗憾的，与苏格拉底、柏拉图时代的哲学相比，现代哲学经常成为一种否定灵界存在的学术研究。哲学变成非常地功利主义，仅是努力去探究「透过高度发展的机器、电脑处理某些事例、数据，最後会出现何种结果呢」。

在「人生的岔路」上，考验人会做出何种选择的灵魂测验

・选项① 铁轨上的一个好朋友与五个陌生人，你会救谁？

我在电视上曾看过著名的哈佛大学麦可・桑德尔（Michael Sandel）教授的哲学课，他在课堂上提出了这样的问题：「你正在驾驶火车，前方轨道分成两

条路线，你必须选择要走哪一条路线。右边路线的轨道上，站著自己的一个亲友。左边路线的轨道上，则是站在自己不认识的五个陌生人。你会把火车开往哪个方向？火车无法突然煞车停止。你会怎麽做？」这是一个让人很难回答的问题。

学生各自给出了不同的答案。

有人说著，自己的亲友站在前面，所以无法辗压过去，然而那五个人是自己不认识的人，所以选择往那五个人的地方开过去。也有人说，每个生命都是平等的，如果是一个人对五个人的话，那麽我选择让一个人死就好了。

这是一个有点作弄人的问题，但据说这位教授进行了很多类似这样的实验。

・选项② 掉进水里的两个人，你会救谁？

此外，还有类似的问题，「你划著一条小船，池塘里有两个溺水的人，你会救谁？一个是你的亲人，一个是素不相识的陌生人」。

假设你在划船，看到有人溺水，一个是自己的母亲，另一个是首相，你会去救谁？

如果是从公众的角度来看，有人可能会心想「首相做著比母亲还重要的工作，所以必须得先救首相」，但此人可能心里又会想「可是我怎麽能对养育自己的母亲见死不救？那样我岂不是会悔恨终身！反正首相死了之後，还会有另一个首相接任啊」。

「究竟该如何抉择」，只能凭每个人当下的判断，而那般内心当中的纠结、冲突，即会成为磨练己心的材料。

·选项③　去救无力自救的人，还是去救自己的亲人？

类似的对话也曾出现在三木孝浩所执导的电影「我们的存在」当中。电影当中出现了这样的对话：「如果有两个人溺水，应该去救那些无力自救的人，还是去救对自己比较重要的亲人呢？」

主角之一被责问：「为什麽你跑向那个女的那边呢？」他回答：「因为她快要淹死了啊！她不会游泳，没人去救她，我只能去救她啊！」他的朋友看到他放著一直等著他的女孩不顾，而是去救了另一个女孩时，便对他说：「你在说什麽啊！一直等了你五年的那个女孩，她不是也溺水了吗？」

对於一部青春偶像电影，或许得加入如此有趣的对话，但其实「一个人会不会被淹死」，不是能那麽容易判断的事。

人生有许多这样的岔路，「放弃什麽、选择什麽」、「对什麽死心，选择走上哪一条路」，如此岔路会接连不断地出现。届时，你会经常後悔於「如果当时我能那样判断，如今就不会是这种结果」。

再说，无论选择什麽，通常都必须要舍弃另一个选项，这实在是令人非常痛苦。

但是，虽然痛苦，这却是与学校的考试有著不同意义的「灵魂测验」。

・选项④ 当信仰与家庭的价值观产生碰撞之时

又比方说，正当你觉得终於遇见了幸福科学的信仰，并认为「这是一个正确教义」，打算予以追随时，但你父母年轻的时候，还没有幸福科学这个宗教，他们对此并不了解，於是他们便劝你说：「新兴宗教有很多都很奇怪，不要相信那种东西。」有时会出现这样的情况。

有些从乡下到大城市求学的大学生，他们的父母还可能会威胁说：「你要是去参加那种宗教，我们就不寄给你生活费了！」此外，那种很排斥宗教的父母甚至会说：「我要和你断绝关系，就当没有你这个孩子！」我想有些人曾遇过类似的经历。

此外，还有另一种情况是，结婚当时双方都没有宗教信仰，但是结婚以後，一方开始有了信仰，另一方就会觉得「当初没有说你会有信仰」、「这跟当时条件不一样」。若是妻子或先生某一方有了信仰，另一方是一个唯物论者或宗教否定论者时，即便至今两人的工作没有改变，家庭关系也没有改变，一旦某一方「内心有所改变」时，有时另一方就会要求停止参加宗教活动。假如出现了这种情况，另一方就可能会要求「停止信教」，有时甚至会提出离婚。

在家事法庭当中，这的确能作为离婚事由之一。如果有人太过於热衷於宗教，对家庭事务不顾，另一半的确可以向法院诉请离婚。

另一方面，即使宪法中承认「信仰的自由」，但确实也有一些人对宗教太过於热衷，进而抛弃了妻小，或者抛弃了丈夫。那实在会变成一场十分艰难的价值观之战。

当事人越是热衷宗教，周围的人就越是会对此人冷眼相看，甚至有人会对此人说：「你会毁了你的人生喔！」或许他人的说法并非出自恶意而是善意，但是此人的处境实在是非常艰难。

3　世间的常识与信仰之战

耶稣要求人们选择信仰而非世间常识

根据耶稣的话语，一般人们认为「基督教是一个宣扬爱与和平的宗教」，然而，有时耶稣却会讲述与此相反的话。

耶稣曾说过：「你们不要想我来是叫地上太平，我来并不是叫地上太平，乃是叫地上动刀兵。」还曾说过类似於「我是为了让夫妻决裂、亲子决裂、家族决裂、为了兴起争斗而来的，我是为了把剑给带来的」的话语。

一个家庭是否真的会分崩离析，要视情况而定，耶稣的话语或许并不适用於所有的情况，但肯定会有家庭因为信仰而分裂的情形。即便某一个家庭的成员们，透过共同的信仰进而和乐融融，但其他的亲戚可能信仰著不同的宗教，为此会发生「宗教战争」，双方没有办法再相处下去。

又或者原本大家都是信徒，但是途中有人抛弃了信仰，继而无法再和家人待在一起，只能分居或离婚。

也因此，即便是宣扬爱与和平的耶稣，有些人能从中看到其真理，有些人却看不到。在这世间当中以为自己能看见真理的人，有时其实是「盲目」的。反而那些被认为「不知常理」、「不理解他人的善意」的人，有时才是真的能看见真理之人，其他人反而看不见。

因此，各位有时会面临困难的局面。

越是一个平凡的人，不管在职业或家庭都很平凡，或者是此人只满足於五次元善人界层次的信仰，只希望自己能成为一个能和人们和平相处的好人，那麽此人可能会适时收敛锋芒，妥协地度过一生。

但是，如果此人有著强烈的使命感，状况就有所不同。一个有著强烈使命感，认为自己必须要完成某些事之人，是不会那麽容易被他人劝阻的。

这样的人会舍弃一切，选择能实现真理之路。请你试著扪心自问，自己是不是这样的人。

此外，你也会遭逢试炼，测验你是否是一个在遭遇逆境时，也能予以克服之人。有人在那过程中会放弃，也有些人会加以妥协。纵使遗憾，但就是会发生那样的事。

譬如，幸福科学创立了名为「幸福科学学园」的学校，目前有关西分校和那须本校两个校区。有些学生从那里毕业以後，会进入教团创建的幸福科学大学，但也有不少毕业生会去就读一般的大学。

遗憾的是，在进了一般大学之後，特别是分数较高的大学，很多人失去了信仰，或者是对信仰产生了怀疑。

那是因为没有信仰的人，在人数上多上许多所致。如果是「一百对一」，或「五十对一」，也就是「信仰幸福科学的只有你自己一个人，其他四十九个学生都不信」的话，在这种情况下，此人越是认真地、不加掩饰地按照自己的信仰行事的话，就越是会被孤立，进而变得必须承受很大的痛苦。

此时，比方说那是一个女生，有一个男生为她感到难过，进而与她交朋友，最後成为了她的男朋友。即便这个男生是一个无神论者、唯物论者，或是一个非常世俗之人，这个女生也会觉得此人是拯救自己的英雄，选择抓住这段恋情，将信仰抛诸脑後。现实中，如此例子很常见。

终究这是有无信仰之人的比例问题，如果周遭人们都拥有信仰，那麼自己的信仰就能得到保护，但若是到了一个没有信仰的地方，终究就得把自己的信仰隐藏起来，像是江户时代秘密信仰耶稣的那些人一样。又或者一点一点地表态，一方面透过接受人们的一般价值观，一方面与人们保持一定的距离来往。比较灵活的人的确可以做到如此程度，但仍旧会因为某些行为，而引人注目。

即使与世间的价值观相悖，释尊也努力建立社会信用

现今，没有人会因为是幸福科学的信徒，进而被拒绝面试。

过去我在商社的时候，曾经担任招募应届毕业生的工作。在录用大学生

时，我除了会参考「在校成绩」或「面试者的性格」等多方面条件外，公司还会委托徵信社对这个人在学期间的各种状况进行调查。

大致上面试会持续三天左右，过了三天之後，徵信社就会回覆调查结果。譬如，若是询问「这个学生是怎麽样的人」，对方就会摊出此人学生时代的所有人际关系等资料。

即使这个学生的条件很好，但若是他的朋友有著很多问题的话，公司就会依危险程度区分成A、B、C、D、E、F的等级。若是分到A、B、C三个等级的话，还说得过去。一旦被划分到了D、E、F的话，那就很危险了。

要是此人的朋友中有著「有点危险的朋友」，譬如，徵信社会说「此人的好朋友中，有人从事左派的革命运动」、「此人进入公司之後，或许也会做出类似的危险之事」、「此人求学期间曾做过这样、那样的事」等等。令人惊讶的是，徵信社竟能钜细靡遗地调查到如此程度。

他们也会对求职者的宗教信仰进行调查。这是我当时负责招募新人的工作时的事，所以我还任职於公司，当然还没有幸福科学的存在，不过徵信社连这个人是不是创价学会的信徒都能够知道。

此外，对於在进入公司前没有被调查过的人，进入公司後也会被调查。当时，创价学会也有著总本山道场，信众每年都会在固定的日子前往大石寺参拜。所以在那一天一定会请假的人，就会日历上画一个圈。如果每年都是如此的话，那麼就能确定此人就是信徒，进而会被打上一个「S」的记号，这个「S」就是「创价学会」的意思。公司会调查到如此程度。

所以，有些公司会不雇用信仰某些特定宗教的人。

以幸福科学而言，在早期一九九〇年代，就在东京大学开设了「大川隆法著作研究会」。那大概是我举行「黎明的时代」讲演的时候（一九九一年五月二十六日，於东京大学举行的讲演。收录於幸福科学出版发行《论人生之王道》）。当时，研究会代表成员的名字，其实早就被他们要去任职的单位知道了，但是後来他们还是进了银行或政府单位，没有受到什麽影响。因此，由此可看出幸福科学从初期开始，就已具有某种程度的社会信用。

所以说，信仰幸福科学对於谋职不会有什麽影响，我很庆幸多少建立了一定程度的信用。

然而，我想各位会有与世间的价值观发生碰撞，感到快被撕裂的时刻。如此情形，不只是耶稣，释尊也曾经历过。

最初，释尊独自修行了六年，後来收了五名弟子。之後他到附近的村庄传道，有一个名叫耶舍的人是当地有钱人家的儿子，从他开始追随释尊之後，信徒突然增加，达到了六十一人。就连穿著金鞋的有钱人家的儿子都加入了，村里其他人也开始加入，信徒不断地增加，有一种新兴宗教般的狂热氛围

然而，不久以後人们的非难却接踵而至。「拜释尊之赐，子嗣都被拐跑了」，一时之间传得沸沸扬扬。「要小心啊！听了他的说法，儿子就会出家不回来了」，诸如此类的说法开始流传。

用现在的话来说，就是稍微演变成一个社会问题。当时的印度是长子继承制，所以若是失去继承人那可就麻烦了，於是那成了一个问题。

那时候的家庭普遍都有著不少孩子，所以之後释尊在让人出家之前，会确认此人是否为需要赡养父母、继承家业的长子。

万一是长男的话，释尊就尽可能地不让此人出家。但如果是长男以外的孩子，经父母亲同意之後，就可以出家。所以释尊是附加了那般条件，在世间当

中画出了某种程度的界线。

所谓树大招风，无论是什麼，只要开始流行起来就会出现危险，或是受到社会的检视。从这层意义上来说，幸福科学是一个罕见的宗教，会教导人们累积信用的重要。

信仰越是纯粹，就越是容易忽视「世间之事」。但大多会扯你後腿的，都是「世间之事」。人大多会因此栽跟头，所以我希望各位若是可能，在一定程度上，於世俗当中也能成为一个聪明人。

为此，作为一个宗教来说，即便有时我觉得有点过於亲切，但我仍会透过各种机会，教导人们生活在这世间当中的智慧。我会教导各位，「一般来说若是你这麼做，周遭人们会给予何种评判」等等，如此做人处世的道理。

此外，我也教导著人们，一个能独当一面的人，就代表此人是一个能对社会负起责任的人，所以在人际关系当中，终究要努力承担起责任。

这些都是出自苦口婆心的善意，但我认为当你真的变得纯粹、灵性的时候，世间种种对你来说就不再重要了。

将早期佛教的出家状况「进行恶意利用」之奥姆教的反社会性

我从佛教书籍当中，了解到在释尊的时代，因为离家出走出家的人太多了，弟子们受到社会的责难，甚至有人还将如此状况做成了歌曲传唱，於是释尊开始拣选出家的人选。

然而，和幸福科学同一时期创立，但後来变成犯罪集团的奥姆教，反而恶用了原始佛教、初始佛教当中「反社会的一面」，他们大肆鼓励人们出家，认为「就连释尊都遭到社会的批评，所以我们这麼做也无所谓」。

但是，奥姆教让人们出家之後，剥夺了他们所有的财产。他们会把人们的财产全都剥夺，存摺、存款、印章全都没收，甚至有的时候还会把人们烧成灰烬。世间当中就是有可能会发生这种事情，对此必须要多加留意才行。

幸福科学在一九九一年，曾对某间出版社发行的写真杂志，进行了抗议活动，并且屡次被播放於电视节目当中。当时引发了大约一年左右的骚动，之後有一个韩国某新兴宗教於背後支持的报纸《宗教新闻》，站在我们这一方。

报导中写到：「阅读《圣经》就会知道，即使是耶稣，看到有人在神的宫殿、神殿里卖东西，也会说『真不像话！不许在我父亲的家门前卖东西』，进而掀翻了小贩的摊子，把此人赶走。用现在的话来说，当时耶稣就是堂而皇之地妨碍了他人的营业。所以，幸福科学所做的事情不也是正确的吗？」

当时，我虽然感谢他们能支持我们，但另一方面，我也担心我们被看作与他们是同一类的团体。翌年，在背後支持那报社的宗教，自认为「现在是人们能接受宗教活跃於世间的时代了」，进而大张旗鼓地弘道。但随後便被众多电视节目抨击，不出一年便又偃旗息鼓了。他们看到幸福科学的活动，以为时机到了，没想到一出来之後却遭受抨击，很快地就又变低调起来了。

到了一九九二年，有位时事评论节目的评论员说：「自从那个韩国的宗教出现之後，我就觉得去年我们是不是对幸福科学太刻薄了？」

後来有一次，那位评论员搭飞机的时候，碰巧坐在我的附近，我俩一打照面之後，对方突然露出了尷尬的表情，并对我说：「我一直有著『自己是不是做了坏事』的罪恶感。在那以後，世间还出现了统一教会、奥姆真理教等各式各样的宗教，看到那些宗教，心里一直有著『哎呀，我似乎做了不该做的事』

的内疚感。」

一边建立世间的信用，一边广布教义的宗教的应有之姿

虽然宗教有著各种差异，但幸福科学主张「真理是正确的道理，在某种程度上避免发生社会性摩擦的情况下，我们必须堂堂正正地去广布这个真理，不可以说谎」。我们从不骗人入教，也不使用障眼法，总是堂堂正正地传教。

因此，即便我们的活动有时不被认同，但我们是从不说谎或欺骗的宗教，这方面我认为我们做得很彻底。

此外，我在尚未出家的时候，从事过有关财务方面的工作，所以我总是认为在金钱上必须要诚实守信，绝对不可做违法的事。

只不过，在弟子当中，偶而会出现不知不觉之间犯了错误的人。教团规模很大，所以总是会偶尔出现几个不知世间规范的人。即便如此，各个机构都认为我们是一个鲜少引起麻烦的组织。他们认为我们有这麽多的信徒，应该会经常发生各种问题，然而他们从过去就一直说著「比较少听到有纠纷的发生」。

从这层意义来说，虽然有时会有负重前行的感觉，在发展的趋势上有点停滞，不过若是我们无法保有世间信用的话，就难以让世人相信，所以我们一直努力维持著信用。

也因此，真的要像耶稣那样「特异独行」也没问题，不过我们现在是稍微有些低调，在建立世间信用和基础的同时广布著教义。

关於我的教义，世人对於「灵界」、「灵魂」等等，大多既看不见也不了解。此外，因为我也会讲述与「外星人」有关的内容，这般话题一般人大多会觉得「特异独行」。

我的基本态度是，即便我会加入合理性、理论性的思想，但我终究会讲述出我认为是正确的事物。观察过去几十年幸福科学的态度，我想社会已经开始相信，我们只会说出自己认为是真实的事物。从某种意义上来说，我也正努力保护著信徒。

4 了解「主神」之爱，并传递出去吧

现今众人认为所谓的爱就是从他人身上获得

然而，虽然我正尽可能地在世间努力，但有一个情况，在本文的最後，我无论如何都得提醒各位。看到有人在世间受挫，即便有些是起因於「金钱」，但终究大多是起因於「爱」。

我们所倡导的爱是「施爱之爱」，我的教义皆是以此为中心。但是一般说到「爱」，人们大多想到的是「夺爱之爱」，尽是想著「要如何才能够得到对方的爱」。

如果每个人都是「夺爱之人」的话，这个世间会变成怎麽样呢？这就像是你经过商店街的时候，看到店头摆著各式各样的商品，你心想「啊，我想要这个」，然後没付钱就直接把东西拿走了一样。你想要的东西，别人也想要，但既然你想要这个东西，那你就必须付出金钱以正当方式购买，只是因为「我想要，所以我就拿了」是行不通的。当然，这不能相提并论，但如果这世间都是「夺爱之人」的话，那就没有「提供爱的人」了吧？

只不过，「施予和索取」（Give and Take）和「只是索取」相比，「得到了多少就分给别人多少」，似乎要来得稍微好一些，但这仅是不增不减。然而，还有一个超越如此状态的境界，也就是说，我希望各位能意识到「无私的爱」、「神圣的爱」。

提到「施爱」，人们会认为你很愚蠢。这些人会认为：「能够多拿到一些才比较聪明。如何才能够巧妙地、在不被发现的情况下获得更多，那才算是聪明。

为此，进到了好学校就能有炫耀的资本、进到了好公司就可以吹嘘一番，或者让自己看起来像是出身名门的话，不就是能从别人那里『吸取』到好东西吗？这样不才叫做『聪明』吗？

在校期间成绩优秀，不就是为了能在世间出人头地？只要能出人头地，不就可以获得地位、掌握权力、赢得异性，或是获得社会的尊敬吗？这不全都是好事吗？

如果我是为了我自己学习，这有什麼错吗？」

为他人奉献爱与德，并且拚上了自己性命的救世主之姿

人在年轻的时候，的确可以为自己学习，但一直这样下去是不行的。

我认为，只为自己学习的年限，大概是到三十岁左右为止。在三十岁左右之前，为自己学习、为自己掌握某些技能、为自己学习某些才艺，为了提高自己的价值可以做很多努力，在某种程度上，这也扩大了自己人生的阅历。但是超过了三十岁之後，终究必须要开始回馈社会才行了。

正是因为得到了父母的爱、得到了老师等世间各种人们的照顾，才有了现在的自己。既然如此，今後度过回馈给社会的人生，不是理所当然之事吗？

届时，除了「施予和索取」以外，应该还可以做到更多吧？若是付出的更多，终究就说明此人活在世间的时候，就已经成为四次元以降的世界之人。关

键就在於你的心态，但就是有人对此始终无法理解。

一般来说，「对自己亲人的爱」会最先来到。你会爱身边的人、父母亲、孩子、兄弟姐妹，这种对「身边之人的爱」、「对朋友的爱」会首先出现。接下来，渐渐地你会出现「对远方之人的爱」，或者是「对公司、组织的爱」，抑或是「对国家的爱」等等。

最初，通常都是对於个人方面的爱，所以极端地来说，有时你看起来会像是一个较为利己主义者。

在这世间当中，被公认「头脑聪明」的人们当中，有人是利己主义者，但有人却不是。

一个利己之人，就算一开始会被人们钦佩，但不久之後，人们就不会再持续予以称赞了。譬如，若是成绩优秀、好的学校毕业、拿到了难以取得证照、考进了知名公司，人们会对此人说「这真是厉害」。

若仅是如此那还无所谓，但如果这些全都是为了获得称赞、为了获得自身利益而做的话，那麽此人只会得到一些奉承话语，就仅此而已。

另一方面，那些超越了施予和索取，为了世间、世人奉献一己之力，认为自己的能力，必须要用在为他人贡献，有著如此想法之人即会出现一定的「德」。虽然此人不是为了要得到「德」，但他自然就会出现「德」。

譬如，美国影视作品「蝙蝠侠」当中，有一个「黑暗骑士」三部曲系列电影。蝙蝠侠是一名大富豪之子，他的双亲被杀，所以他决心要消灭城市当中的犯罪。他的家被烧了、公司也没了、一切都失去了，连自己的性命都暴露在危险之中。在第三集当中，因缘际会下成为他搭档的猫女跟他说：「你做到这样已经够了，没有必要再继续了，快逃跑吧！」但蝙蝠侠却回答：「Not yet（还不行）。」

我的妻子很喜欢这句台词，我时常会想起那个场景，蝙蝠侠说著：「不行，做得还不够。」

之後他做了什麼呢？蝙蝠侠不仅与占领高谭市的恶势力对抗，还把载运了即将爆炸的中子弹的自动模式飞机拖到了海上，让炸弹在那里爆炸，进而让城市里的人们得救。

在那之前，即便有人跟他说「你已失去了一切，做了你能做的了，可以停手了」，他只是回答「还不行」。我觉得这就是一种以美国英雄形式，所描绘而成的「某种救世主之姿」。

最终，你总是要赌上自己的性命，对此不可不明白。

耶稣讲述的两个「重要的教义」

耶稣曾被问过「什麼是最重要的教义」，关於这个问题，他是这麼回答的。

由於耶稣讲述了众多教义，所以信众变得有些困惑，进而有人问道：「什麼是最重要的教义呢？」

耶稣回答道：「要爱你的主神，首先你要爱神，这就是最重要的教义。」

那麼，「第二个重要的教义又是什麼呢？」

耶稣则是回答：「要爱你的邻人，此为第二个重要的教义。」

・①爱你的主神

说到「要爱你的主神」，听起来好像神是一个利己主义者，但事实并非如此。不承认神的人，也就是不爱神的人，是无法真正去爱其他人的。因为此人有时只会为了自己的利益而爱，为了能为自己所利用而爱。

那与利己主义的爱不同，并且光是撒钱也不是爱。

所以，「相信神」就等同於「爱神」，相信神就是爱神。

并且，神也爱著灵界当中的人和活在地上的人，神爱著每一个人。所以，神为了爱而工作著，而神的一部分灵魂、分光，成为了众多的大天使，并投身在这地上，赌上自身性命，为了拯救世人做著神圣的工作。

相信神的人越多，神的救世工作之规模就会变得越大，这就是为何爱神是最重要的教义。

・②爱你的邻人

第二重要的，就是「要爱你的邻人」。

恋人、夫妻、亲子，朋友等，爱这些和自己有著利害关系的人，是属於一般的道德并非坏事。

这在道德层面上很重要，但不可局限於此，进而轻视爱神、妨碍真理在世间的弘扬，或者是尽管有很多人死後会堕入地狱，也不可以对他们置之不理。

虽然知道「此人会堕入地狱」，但如果因为「被他人知道我在传教的话，会被误解或迫害，在公司受到排挤」，於是便放弃的话，终究是不应该的。对於那些与自己没有利害关系的邻人、在人生旅途中遇到的各种人们，也应该要施予关爱才行。

也就是说，「施爱」就等同於「实践对神的信仰」。

唯有超越利害关系，彻底地施爱，「神的教义」才得以广布

有一句话叫做「没有爱心的，就不认识神」。这是约翰所讲的话语，意思就是没有爱的人，不知道什麼是神。所以反过来说，也就是「利己主义者们不具有信仰」。

我在前文中曾提到，任谁都会变得以自我为中心，人天生就会变得自私。昆虫、动物也都是自私的，它们会自私地为自己寻找食物，自私地让自己能够免於死亡。

人类不也是一样吗？基本上每个人都是以自我为中心进行判断。

所以说，如果没有人教的话，人是不知道「要去关爱他人」的。通常都是透过教导之後，才会知道必须要关爱他人。

此外，活在这个世间之时，人就察觉不到灵界的存在。也就是说，人是在看不见真实世界的状态下活著。所以，耶稣当时说著：「你们其实和在黑暗当中摸索的盲人没什麼两样。」

真正能看见的人，就会知晓来世之事、前世之事，以及灵界的天国与地狱之事。

若是想到「众多人们今後会堕入地狱痛苦好几百年」，进而兴起「在人们还活在世间之际，希望人们至少能读上一本真理书籍、聆听一次真理讲演、聆听一首真理歌曲」的想法是理所当然之事，这就是「要爱邻人」的意思。

也因此，反过来说，虽说爱神是最重要的一件事，但作为自己爱著神的证明，即是「爱你的邻人」。藉由展现爱著那与自己没有利害关系之人，即能证明自己「爱著神」。

耶稣即是说著如此话语。

宗教并非是公司。作为一间公司，只要能让公司的从业人员吃饱，那就足够了，若是还能够赚到更多的钱，当然那也不错。公司可以为能够养活员工，甚至还能有多馀的钱感到高兴，但宗教不能仅满足於这种程度。

譬如，需要幸福科学的教义的人，不仅止於日本，更存在於世界各地。世界上有著许多贫穷国家，要他们独自募款兴建教会，不是那麽容易的事情。

但是，从根本上来说，并非是只要有钱，就能够解决所有问题。

如果是一间企业，要在海外设立分公司，只要有钱就能办到。

对於宗教来说，首先「要爱主神」，第二「要爱邻人」，当如此爱的精神被彻底实现时，教义才得以广布。相信这个教义的人越多，在这世间经济的原理、营运的原理的运作之下，教义即会自然地广布出去。

教义没有广布，或许是因为各位的想法太商业化了，对此必须要加以改正才行，那表示各位还没有完全地确信这是非常重要的教义。缺乏如此确信，实在是非常遗憾。

在这世间当中，一个人的学历、在学的成绩，取代了此人的信仰。那些排名、头衔，取代了神、佛、如来、菩萨。人们认为校名或成绩，比什麽都来得重要。但这是一种肤浅的想法。

神的教义，从永恒的过去开始就被述说，而在日本，大学的出现是在距今一百年前，所以大学无法取代神。

过去我们在筹设大学的时候，各个私立大学的学者组成了一个新设大学审议会，讨论幸福科学大学是否有资格成为一所大学。但这些进行审议的绝大多数人们，都不知道世界最好的大学、最古老的大学，都是从神学院开始的。

无论是牛津大学，还是哈佛大学，都是从神学院起家。所以，他们是从培育传授神的教义的传道士开始建立大学，当时的老师也都是传道士。那就是「大学的起始」。

过了几百年之後，这些大学都变成了综合大学。但牛津和哈佛，原本都是神学院，所以他们一开始都是「幸福科学大学」。

长久以来，他们传授著各种不同的科目，但人们似乎忘记了大学最初是如何开始的。修行者们向学生传授神的教义，这即是大学的起始。

对此一无所知的人们，进行了新设大学的审议，说著「课程当中加入了宗教的教义，所以那不成学问，无法称为大学」、「内容有著灵言的内容，所以那不成学问，无法称为大学」。然而，若是没有灵的话语、神的话语降於世间，宗教就无法於世间成立。因此，他们从根本上就没有理解。

持续守护灵魂修行之地「地球」，了解统率宇宙的「主神」之爱

世间当中的技术和科学会更加进步，社会会变得更加便利，对此我完全没有打算想加以否定，只要能有效善用即可。

现在我的法话也能透过不同的媒介，以各种方式让人们观看。此外，那还被转录成文字，进而发行成册。这正是因为名为「现代」的这个时代非常进步，过去做不到的事，如今都做到了。我认为这是非常值得庆幸的。

然而，若是人们都朝著那些便利的东西屈膝，并舍弃掉那本旨之事的话，那我就必须清楚地说，那是「大错特错」的。

首先，灵性世界是实在的世界，在那最上方存在著神。

神是造物主，创造了人类及各种生物，
也开创了地球的历史。
神让各式各样的人降生到世间、派遣到世间，
并且，创造了各种时代、各种文明。
在那过程当中，人卷入於时代的洪流，
经历了幸与不幸，
亦有些人被浊流所吞噬。
在恶劣的时代时，神也仍然努力改变那时代。
即便是神的使者，也有很多人在那般时代当中死去。
但是，神的爱未曾停止流动。

幸福科学也发表著关於政治、经济的言论，
这些言论出自於天上界，
是一种「必须要改变世间现有文明」的意见。
因此，请不要将这些意见，
与一般学者说的意见等同视之。

爱主神，非常重要。
因为主神比任何人更爱著所有的人。
所以，为此增添气力、供给能量，
即是作为神子之人的使命之一。
没有爱心的人，就不认识神。

不相信神的人，就没有爱。
不了解爱的人，就不了解心。
不了解心的人，就不了解灵。
不了解灵的人，就无法抱持信仰、无法相信神。
这所有一切，就是一个循环。
要在这循环之中，以爱为中心看见神、看见灵性世界，
并且，希望各位能认识到，
「人与人之间，藉由著一道光而连结在一起」。

再进一步地说，
地球并非仅是为了自己而存在。

地球并非仅是为了地球人而存在。
地球并非仅是为了地球上的生物而存在。
地球并非仅是为了动物或植物而存在。
在这名为地球的星球上，
还有很多来自其他行星的人们，前来进行灵魂修行。
这虽然令人难以置信，
但是持续守护这个作为灵魂修行之地的地球，
也是非常重要的爱，
对此请各位务必有所认识。

第5章　弥赛亚的爱

The Laws Of Messiah

后记

我的法从「爱」开始，以「爱」结束。
在那过程当中，我会讲述众多的「真理」与「幸福」。
你们要爱你们的主神。
那是最爱你们的存在。
请天真无邪地、率直地接受那份爱。
打从这世界的起始，到这世界的结束，
与你们同在的存在，那就是爱尔康大灵，

那也是你们的灵魂之父、灵魂之母。
我现在也爱著你们，并且永远持续地爱著你们。

二〇二一年 十一月

幸福科学集团创立者兼总裁 大川隆法

HAPPY SCIENCE

幸福科学集团介绍

幸福科学透过宗教、教育、政治、出版等活动，以实现地球乌托邦为目标。

幸福科学

一九八六年之宗。信仰的对象为地球灵团至高神「爱尔康大灵」。幸福科学信徒广布於全世界一百多个国家，为实现「拯救全人类」之尊贵使命，实践著「爱」、「觉悟」、「建设乌托邦」之教义，奋力传道。

爱

幸福科学所称之「爱」是指「施爱」。这与佛教的慈悲、布施的精神相同。信众透过传递佛法真理，为了让更多的人们能度过幸福人生，努力推动著各种传道活动。

觉悟

所谓「觉悟」，即是知道自己是佛子。藉由学习佛法真理、精神统一、磨练己心，在获得智慧解决烦恼的同时，以达到天使、菩萨的境界为目标，齐备能拯救更多人们的力量。

建设乌托邦

我们人类带着于世间建设理想世界之尊贵使命，而转生于世间。为了止恶提善，信众积极参与着各种弘法活动。

入会介绍

在幸福科学当中，以大川隆法总裁所述说之佛法真理为基础，学习并实践著「如何才能变得幸福、如何才能让他人幸福」。

入會

想试著学习佛法真理的朋友

若是相信并想要学习大川隆法总裁的教义之人，皆可成为幸福科学的会员。入会者可领受《入会版「正心法语」》。

三皈依誓願

想要加深信仰的朋友

想要做为佛弟子加深信仰之人，可在幸福科学各地支部接受皈依佛、法、僧三宝之「三皈依誓愿仪式」。三皈依誓愿者可领受《佛说・正心法语》、《祈愿文①》、《祈愿文②》、《向爱尔康大灵的祈祷》。

幸福科学于各地支部、据点每周皆举行各种法话学习会、佛法真理讲座、经典读书会等活动，欢迎各地朋友前来参加，亦欢迎前来心灵咨询。

台北支部精舍
台北市松山区敦化北路 155 巷 89 號

幸福科学台湾代表处
台北市松山区敦化北路 155 巷 89 号
02-2719-9377
taiwan@happy-science.org
FB：幸福科学台湾

幸福科学马来西亚代表处
No 22A, Block 2, Jalil Link Jalan Jalil Jaya 2, Bukit Jalil 57000, Kuala Lumpur, Malaysia
+60-3-8998-7877
malaysia@happy-science.org
FB：Happy Science Malaysia

幸福科学新加坡代表处
477 Sims Avenue, #01-01, Singapore 387549
+65-6837-0777
singapore@happy-science.org
FB：Happy Science Singapore

弥赛亚之法 从「爱」开始 以「爱」结束
メシアの法 「愛」に始まり「愛」に終わる

作　　者／大川隆法
翻　　译／幸福科学经典翻译小组
封面设计／Lee
內文设计／颜麟骅

出版发行／台湾幸福科学出版有限公司
104-029 台北市中山区中山北路三段 49 号 7 楼之 4
电话／ 02-2586-3390　传真／ 02-2595-4250
信箱／ info@irhpress.tw
法律顾问／第一法律事务所　余淑杏律师

总 经 销／旭升图书有限公司
235-026 新北市中和区中山路二段 352 号 2 楼
电话／ 02-2245-1480　传真／ 02-2245-1479

幸福科学华语圈各国联络处／
台　　湾　taiwan@happy-science.org
地址：台北市松山区敦化北路 155 巷 89 号（台湾代表处）
电话：02-2719-9377
官网：http://www.happysciencetw.org/zh-han
香　　港　hongkong@happy-science.org
新 加 坡　singapore@happy-science.org
马来西亚　malaysia@happy-science.org
泰　　国　bangkok@happy-science.org
澳大利亚　sydney@happy-science.org

书　　号／978-626-95746-3-6
初　　版／2022 年 2 月
定　　价／380 元

国家图书馆出版品预行编目 (CIP) 资料

弥赛亚之法：从「爱」开始　以「爱」结束／大川隆法作；幸福科学经典翻译小组翻译. -- 初版. -- 台北市：台湾幸福科学出版有限公司，2022.2
304 面；14.8×21 公分
正體題名：彌賽亞之法：從「愛」開始 以「愛」結束
译自：メシアの法：「愛」に始まり「愛」に終わる
ISBN 978-626-95746-3-6（平裝）

1.CST：新興宗教　2.CST：靈修

226.8　　111002064

广　告　回　信	
台北邮局登记证	
台北广字第5433号	
平　　　　　信	

IRH Press Taiwan Co., Ltd.
台湾幸福科学出版有限公司

104-029 台北市中山区中山北路三段49号7楼之4
台湾幸福科学出版　编辑部　收

大川隆法 Ryuho Okawa

弥赛亚之法

从「爱」开始　以「爱」结束

台湾幸福科学出版有限公司

请沿此线撕下对折后寄回或传真，谢谢您宝贵的意见！

弥赛亚之法
读者专用回函

非常感谢您购买《弥赛亚之法》一书，
敬请回答下列问题，我们将不定期举办抽奖，
中奖者将致赠本公司出版的书籍刊物等礼物！

读者个人资料　　※本个资仅供公司内部读者数据建文件使用，敬请放心。

1. 姓名：　　　　　　　　　　性别：□男　□女
2. 出生年月日：西元　　　　年　　　　月　　　　日
3. 联络电话：
4. 电子信箱：
5. 通讯地址：□□□-□□
6. 学历：□小学 □国中 □高中／职 □五专 □二／四技 □大学 □研究所 □其他
7. 职业：□学生 □军 □公 □教 □工 □商 □自由业□信息 □服务 □传播 □出版 □金融 □其他
8. 您所购书的地点及店名：
9. 是否愿意收到新书信息：□愿意　□不愿意

购书信息：

1. 您从何处得知本书的讯息：（可复选）□网络书店　□逛书局时看到新书　□杂志介绍
   □广告宣传　□亲友推荐　□幸福科学的其他出版品　□其他

   ____

2. 购买本书的原因：（可复选）□喜欢本书的主题　□喜欢封面及简介　□广告宣传
   □亲友推荐　□是作者的忠实读者　□其他

   ____

3. 本书售价：□很贵　□合理　□便宜　□其他

   ____

4. 本书内容：□丰富　□普通　□还需加强　□其他

   ____

5. 对本书的建议及观后感

   ____

6. 您对本公司的期望、建议...等等，都请写下来。

   ____

   ____

IRH Press Taiwan Co., Ltd.
台湾幸福科学出版有限公司